Arta Gatitului La Foc Lent

Retete Delicioase pentru Slow Cooker

Ana Popescu

Cuprins

Pui cu lămâie la fierbere lentă 23

INGREDIENTE 23

PREGĂTIREA 23

Piept de pui umplut cu aragaz lent 24

INGREDIENTE 24

PREGĂTIREA 24

Pui fiert lent Dijon 26

INGREDIENTE 26

PREGĂTIREA 26

Pui spaniol cu măsline și roșii 27

INGREDIENTE 27

PREGĂTIREA 27

Pui Crockpot Picant Cu Sos De Marmelada De Chipotle 28

INGREDIENTE 28

PREGĂTIREA 28

Rețetă de caserolă de pui elvețian, oală de covoare 30

INGREDIENTE 30

PREGĂTIREA 30

Puiul cu miere și muștar al lui Tami 31

INGREDIENTE 31

PREGĂTIREA 31

Tami's Lemon Pepper Chicken, Slow Cooker 32

INGREDIENTE 32

PREGĂTIREA 32

Pui "Pop" Tawny's Crock 33

INGREDIENTE 33

PREGĂTIREA 33

Chili Alb Cu Pui 34

INGREDIENTE 34

PREGĂTIREA 34

Will's Chicken Chili pentru Slow Cooker 36

INGREDIENTE 36

• garnituri optionale 36

PREGĂTIREA 37

Chili de curcan gros 38

INGREDIENTE 38

PREGĂTIREA 38

Piept de curcan afine-mere 40

INGREDIENTE 40

PREGĂTIREA 40

Piept de curcan cu sos de afine de portocale 42

INGREDIENTE 42

PREGĂTIREA 42

Curcan cu afine într-o oală 44

INGREDIENTE 44

PREGĂTIREA 44

Crockpot Curcan Cu Smântână 45

INGREDIENTE 45

PREGĂTIREA 45

Sandvișuri cu curcan 47

INGREDIENTE 47

PREGĂTIREA 47

Crockpot Curcan Cu Usturoi 48

INGREDIENTE 48

PREGĂTIREA 48

Sos de paste cu curcan măcinat 49

INGREDIENTE 49

PREGĂTIREA 50

Sloppy Joes de curcan măcinat 51

INGREDIENTE 51

PREGĂTIREA 51

Cassoulet ușor de gătit 53

INGREDIENTE 53

PREGĂTIREA 53

Pulpe de curcan la grătar 55

INGREDIENTE 55

PREGĂTIREA 55

Piept de curcan cu lamaie 57

INGREDIENTE 57

PREGĂTIREA 57

Curcan cu gătit lent și orez sălbatic 58

INGREDIENTE 58

PREGĂTIREA 58

Curcan și legume fierte lent 60

INGREDIENTE 60

PREGĂTIREA 60

Piept de curcan Tender cu sos de portocale-merișoare 62

INGREDIENTE 62

PREGĂTIREA 62

Curcan Cu Cartofi Dulci 63

INGREDIENTE 63

PREGĂTIREA 63

Crock Pot de curcan și orez 65

INGREDIENTE 65

PREGĂTIREA 65

Piept de curcan ușor gătit 66

INGREDIENTE 66

PREGĂTIREA 66

Plăcintă cu tamale cu curcan măcinat 67

INGREDIENTE 67

PREGĂTIREA 67

Grătar cu curcan 68

INGREDIENTE 68

PREGĂTIREA 68

Crockpot Turcia și Quesadillas 69

INGREDIENTE 69

PREGĂTIREA 69

Piept de curcan cu marmelada 71

INGREDIENTE 71

PREGĂTIREA 71

Caserolă de curcan și broccoli cu gătirea lentă 72

INGREDIENTE 72

PREGĂTIREA 72

Plăcintă cu curcan cu gătit lent 74

INGREDIENTE 74

PREGĂTIREA 74

Curcan cu Sos 76

INGREDIENTE 76

PREGĂTIREA 76

Turcia Madeira 77

INGREDIENTE 77

PREGĂTIREA 77

Pulpe de curcan ranch 78

INGREDIENTE 78

PREGĂTIREA 79

Crockpot de curcan și orez caserolă 80

INGREDIENTE 80

PREGĂTIREA 80

Tocană de curcan cu ciuperci și smântână 81

INGREDIENTE 81

PREGĂTIREA 81

Easy Crockpot Turkey Tetrazzini 83

INGREDIENTE 83

PREGĂTIREA 83

Sos de spaghete Vickie's cu cârnați de curcan 85

INGREDIENTE 85

PREGĂTIREA 86

Piept de curcan înăbușit la vin 87

INGREDIENTE 87

PREGĂTIREA 87

Apple Betty 89

INGREDIENTE 89

PREGĂTIREA 89

Unt de mere 90

INGREDIENTE 90

PREGĂTIREA 90

xApple-Cocos Crisp 91

INGREDIENTE 91

PREGĂTIREA 91

Crisp cu mere și afine 93

INGREDIENTE 93

PREGĂTIREA 93

Compot de mere afine 94

INGREDIENTE 94

PREGĂTIREA 94

Budincă de mere și curmale 95

INGREDIENTE 95

PREGĂTIREA 95

Cheesecake cu mere și nuci 97

INGREDIENTE 97

• Umplere: 97

• Topping: 97

PREGĂTIREA 98

Tort cu cafea Plăcintă cu mere 100

INGREDIENTE 100

PREGĂTIREA 100

Prajitura cu budinca de mere 102

INGREDIENTE 102

PREGĂTIREA 102

Pâine de caise cu nuci 104

INGREDIENTE 104

PREGĂTIREA 104

Mere coapte 106

INGREDIENTE 106

PREGĂTIREA 106

Mere coapte II 107

INGREDIENTE 107

PREGĂTIREA 107

Crema la cuptor 108

INGREDIENTE 108

PREGĂTIREA 108

Pâine cu banane 109

INGREDIENTE 109

PREGĂTIREA 110

Pâine cu banane și nuci 111

INGREDIENTE 111

PREGĂTIREA 111

Banane confiate 112

INGREDIENTE 112

PREGĂTIREA 112

Merele Carmel 113

INGREDIENTE 113

PREGĂTIREA 113

Fondue de rom caramel 115

INGREDIENTE 115

PREGĂTIREA 115

Cherry Crisp 116

INGREDIENTE 116

PREGĂTIREA 116

Grupuri de ciocolată 117

INGREDIENTE 117

PREGĂTIREA 117

Crockpot cu fructe de mare 118

INGREDIENTE 118

PREGĂTIREA 118

Caserolă cu somon și cartofi 120

INGREDIENTE 120

PREGĂTIREA 120

Creveți creoli 121

INGREDIENTE 121

PREGĂTIREA 121

Creveți dulci și acrișori 123

INGREDIENTE 123

PREGĂTIREA 123

Caserolă cu tăiței cu ton 125

INGREDIENTE 125

PREGĂTIREA 125

Caserolă cu tăiței cu ton #2 125

INGREDIENTE 125

PREGĂTIREA 126

Caserolă cu salată de ton 126

INGREDIENTE 126

PREGĂTIREA 127

Fasole Albă și Roșii Cu Ton 128

INGREDIENTE 128

PREGĂTIREA 128

Will's Crockpot Cioppino 129

INGREDIENTE 129

PREGĂTIREA 130

Cotlete de mere-caise 131

INGREDIENTE 131

PREGĂTIREA 131

Muschii de porc deliciosi cu mere 133

INGREDIENTE 133

PREGĂTIREA 133

Cârnați de mere cu sos de ceapă și muștar 134

INGREDIENTE 134

PREGĂTIREA 134

Barul mătușii 135

INGREDIENTE 135

PREGĂTIREA 135

Friptură de porc de toamnă 136

INGREDIENTE 136

PREGĂTIREA 136

Baby Lima Fasole Cu HamBar-BQ Porc 137

INGREDIENTE 137

PREGĂTIREA 137

Carne de porc la grătar pentru sandvișuri 139

INGREDIENTE 139

PREGĂTIREA 139

Friptură de porc la grătar 139

INGREDIENTE 139

PREGĂTIREA 140

Coaste la grătar în stil rustic 141

INGREDIENTE 141

PREGĂTIREA 141

BBQ Boston Butt 142

INGREDIENTE 142

PREGĂTIREA 142

Fasole și Hot Dogs 143

INGREDIENTE 143

PREGĂTIREA 143

Bigos 144

INGREDIENTE 144

PREGĂTIREA 144

Cotlete de porc Blackbird's 145

INGREDIENTE 145

PREGĂTIREA 145

Crockpot Black Eyed Peas și șuncă 146

INGREDIENTE 146

PREGĂTIREA 146

Cotlete de porc înăbușite 147

INGREDIENTE 147

PREGĂTIREA 147

Mușchiță de porc înăbușită 148

INGREDIENTE 148

PREGĂTIREA 148

Mușchiă de porc cu zahăr brun 150

INGREDIENTE 150

PREGĂTIREA 150

Cotlete de fluture și cartofi 152

    INGREDIENTE 152

    PREGĂTIREA 152

Varză și Bratwurst 153

    INGREDIENTE 153

    PREGĂTIREA 153

Cassoulet cu carne de porc și fasole 154

    INGREDIENTE 154

    PREGĂTIREA 154

Catalina Ribs 156

    INGREDIENTE 156

    PREGĂTIREA 156

Chalupas 157

    INGREDIENTE 157

    PREGĂTIREA 157

Cotlete de porc cu cireșe în oală 159

    INGREDIENTE 159

    PREGĂTIREA 159

Friptură de porc glazurată cu cireșe 159

    INGREDIENTE 159

    PREGĂTIREA 160

Cotlete de pui prăjite 161

INGREDIENTE 161

PREGĂTIREA 161

Pui, cârnați și chili cu fasole albă 163

INGREDIENTE 163

PREGĂTIREA 164

Chili Dogs 165

INGREDIENTE 165

PREGĂTIREA 165

Coaste de țară în stil chinezesc 166

INGREDIENTE 166

PREGĂTIREA 166

Cina crock pot chinezească 167

INGREDIENTE 167

PREGĂTIREA 167

Friptură de porc chinezească 168

INGREDIENTE 168

PREGĂTIREA 168

Chopping John 170

INGREDIENTE 170

PREGĂTIREA 170

Muschiă de porc Chutney 171

INGREDIENTE 171

PREGĂTIREA 171

Friptură de porc cu cidru 173

INGREDIENTE 173

PREGĂTIREA 173

Cidru-Şuncă dulce 175

INGREDIENTE 175

PREGĂTIREA 175

Confetti Mac 'n Cheese cu șuncă 176

INGREDIENTE 176

PREGĂTIREA 176

Crockpot de porumb și șuncă 178

INGREDIENTE 178

PREGĂTIREA 178

Porumb, șuncă și scoici de cartofi 178

INGREDIENTE 178

PREGĂTIREA 179

Cotlete de porc umplute cu porumb 179

INGREDIENTE 179

PREGĂTIREA 180

Carne de porc de tara cu ciuperci 180

INGREDIENTE 180

PREGĂTIREA 181

Coaste și varză murată în stil rustic 182

INGREDIENTE 182

PREGĂTIREA 182

Carne de porc de tara cu ciuperci 183

INGREDIENTE 183

PREGĂTIREA 183

Coaste de porc Merisoare-Mere 184

INGREDIENTE 184

PREGĂTIREA 184

Friptură de porc Cran-Mere 186

INGREDIENTE 186

PREGĂTIREA 186

Friptură de porc afine 187

INGREDIENTE 187

PREGĂTIREA 187

Sunca cremoasa si broccoli 189

INGREDIENTE 189

PREGĂTIREA 189

Carne de porc cremoasă ... 191

INGREDIENTE ... 191

PREGĂTIREA ... 191

Muschiță cremoasă de porc cu legume ... 193

INGREDIENTE ... 193

PREGĂTIREA ... 193

Scoici cremoase cu șuncă și brânză afumată ... 195

INGREDIENTE ... 195

PREGĂTIREA ... 195

Pui creol cu cârnați ... 196

INGREDIENTE ... 196

PREGĂTIREA ... 196

Sunca Veselă ... 198

INGREDIENTE ... 198

PREGĂTIREA ... 198

Crock Pot Carnitas ... 199

INGREDIENTE ... 199

PREGĂTIREA ... 200

Cotlete sau coaste ... 201

INGREDIENTE ... 201

PREGĂTIREA ... 202

Crockpot Cola Ham 203

INGREDIENTE 203

PREGĂTIREA 204

Cotlete de porc glorificate Crock Pot 205

INGREDIENTE 205

PREGĂTIREA 206

Sunca Crock Pot 207

INGREDIENTE 207

PREGĂTIREA 207

Crockpot Ham Tetrazzini 208

INGREDIENTE 208

PREGĂTIREA 209

Supă de morcovi cu iaurt 210

.... 210

.... 210

Supă de cartofi cu țelină mărată 212

.... 212

.... 212

Pui cu lămâie la fierbere lentă

INGREDIENTE

- 1 friteuză, tăiată sau aproximativ 3 1/2 kg bucăți de pui
- 1 linguriță de oregano din frunze uscate mărunțite
- 2 catei de usturoi, tocati
- 2 linguri de unt
- 1/4 cană vin uscat, sherry, bulion de pui sau apă
- 3 linguri suc de lamaie
- Sare si piper

PREGĂTIREA

1. Se condimentează bucățile de pui cu sare și piper. Presărați jumătate de usturoi și oregano peste pui.
2. Se topește untul într-o tigaie la foc mediu și se rumenește puiul pe toate părțile.
3. Transferați puiul în crockpot. Se presară cu oregano și usturoi rămase. Adăugați vin sau sherry în tigaie și amestecați pentru a slăbi bucățile maro; se toarnă în aragazul lent.
4. Acoperiți și gătiți la LOW (200°) timp de 7 până la 8 ore. Adaugă suc de lămâie ultima oră.
5. Îndepărtați grăsimea din sucuri și turnați într-un bol de servire; îngroșați sucurile, dacă doriți.
6. Serviți puiul cu sucuri.
7. Porti 4.

Piept de pui umplut cu aragaz lent

INGREDIENTE

- 6 jumătăți de piept de pui dezosate, fără piele
- 6 felii subtiri de sunca
- 6 felii subțiri de brânză elvețiană
- 1/2 cană făină universală, asezonată cu 1/2 linguriță
- sare si un strop de piper
- 8 uncii de ciuperci proaspete feliate
- 1/2 cană supă de pui
- 1/2 cană vin alb sec sau Marsala
- 1/4 lingurita rozmarin macinat
- 1/4 cană parmezan ras
- 2 lingurite amidon de porumb
- 1 lingura de apa rece
- sare si piper dupa gust

PREGĂTIREA

1. Așezați bucățile de pui între 2 bucăți de hârtie cerată sau folie de plastic și bateți ușor până se aplatizează uniform. Pe fiecare piept de pui se aseaza 1 felie de sunca si 1 felie de branza; rulați și fixați cu scobitori apoi rulați în făina condimentată. Pune ciupercile în crockpot și pune rulouri de pui deasupra ciupercilor. Într-un castron separat, combinați bulionul de pui, vinul și rozmarinul; se toarnă peste pui.

2. Se presara cu parmezan. Acoperiți și gătiți la LOW timp de 6 ore. Chiar înainte de servire, combinați amidonul de porumb și apa. Scoateți puiul; adăugați amestecul de amidon de porumb și amestecați până se îngroașă. Se adauga sare si hartie dupa gust. Se toarnă sosul peste pui și se servește.
3. **Porți 6.**

Pui fiert lent Dijon
INGREDIENTE

-
1 până la 2 lire sterline de piept de pui

- 1 cutie de supă cremă condensată de pui, nediluată (10 1/2 uncie)

- 2 linguri de muștar de Dijon obișnuit sau granulat

- 1 lingura amidon de porumb

- 1/2 cană apă

- piper după gust

- 1 lingurita de fulgi de patrunjel uscat sau 1 lingura de patrunjel proaspat tocat

PREGĂTIREA
1. Se spală puiul și se usucă; aranjați în aragazul lent. Combinați supa cu muștar și stea de porumb; se adauga apa si se amesteca. Se amestecă pătrunjel și piper. Se toarnă amestecul peste pui. Acoperiți și gătiți la LOW timp de 6 până la 7 ore. Se servesc cu orez fierbinte fiert si o leguma secundara.
2. Rețeta de pui Dijon servește 4 până la 6.

Pui spaniol cu măsline şi roşii

INGREDIENTE

- 6 jumătăți de piept de pui dezosate, fără piele
- sare si piper asezonate dupa gust
- măsline coapte feliate, 4 uncii
- 1 conserve (4 uncii) de ciuperci feliate, scurse
- 1 conserve (14,5 uncii) de roșii înăbușite
- Lichid de acoperit
- (bere, supă de roșii sau sos de roșii cu cantitate egală de apă sau bulion)

PREGĂTIREA

1. Tăiați pieptul de pui în bucăți mici; sezon. Combinați cu ingredientele rămase în slow cooker. Acoperiți și gătiți la LOW timp de 5 până la 7 ore. Serviți cu orez fierbinte.
2. 4 până la 6 porții.

Pui Crockpot Picant Cu Sos De Marmelada De Chipotle

INGREDIENTE

- 1 ardei chipotle in sos adobo, tocat marunt, cu aproximativ 1 lingurita de sos
- 1/3 cană marmeladă de portocale dulci
- 1 lingurita pudra de chili
- 1/4 lingurita praf de usturoi
- 1 lingura otet balsamic
- 1 lingura miere
- 1/2 cană supă de pui
- 1 lingura ulei vegetal
- Păstrați piper negru proaspăt măcinat
- Sare
- 4 jumătăți de piept de pui dezosate, fără piele
- 1 lingura amidon de porumb
- 2 linguri apa rece

PREGĂTIREA

1. Combinați chipotle cu sos de adobo, marmeladă, pudră de chili, pudră de usturoi, oțet, miere, bulion de pui și ulei.
2. Stropiți pieptul de pui cu sare și piper. Aranjați-le în slow cooker; turnați amestecul de marmeladă peste toate.
3. Acoperiți și gătiți la LOW timp de 5 până la 7 ore sau până când puiul este gătit.

4. Pune puiul pe o farfurie; acopera si tine la cald.
5. Se toarnă lichidele într-o cratiță și se aduce la fierbere la foc mare.
6. Reduceți căldura la mediu și fierbeți până se reduce ușor, aproximativ 5 minute.
7. Combina amidonul de porumb cu apa rece pana se omogenizeaza; se amestecă în sos și se continuă gătitul, amestecând, pentru aproximativ 1 minut mai mult, sau până se îngroașă.
8. Serviți puiul cu sosul îngroșat.
9. Porti 4.
10. Rețeta poate fi dublată și gătită pentru aceeași perioadă de timp.

Rețetă de caserolă de pui elvețian, oală de covoare

INGREDIENTE

- 6 jumătăți de piept de pui dezosate, fără piele
- 6 felii de brânză elvețiană
- 1 conserve condensată (10 3/4 uncii) supă cremă de ciuperci, nediluată
- 2 căni de amestec de umplutură condimentat cu ierburi
- 1/2 cană unt sau margarină, topit

PREGĂTIREA

1. Ungeți cu unt părțile laterale și inferioare inserției de veselă a aragazului lent sau pulverizați cu spray de gătit antiaderent.
2. Aranjați piepții de pui în fundul oalei. Acoperiți cu brânză elvețiană și apoi puneți supa cremă de ciuperci peste brânză.
3. Presărați firimiturile de umplutură peste stratul de supă și apoi turnați deasupra unt topit.
4. Gătiți la LOW timp de 5 până la 7 ore sau la maxim 3 până la 3 1/2 ore.

Puiul cu miere și muștar al lui Tami

INGREDIENTE

- 4 până la 6 jumătăți de piept de pui dezosate și fără piele (sau folosiți alte bucăți de pui)
- 3/4 cană de muștar Dijon sau folosiți un muștar gourmet preferat
- 1/4 cană miere

PREGĂTIREA

1. Pune puiul în oală. Se amestecă muștarul și mierea și se toarnă peste pui. Gatiti la maxim 3 ore sau la mic timp de 6 pana la 8 ore. Ajustați timpul pentru puiul cu os.

Tami's Lemon Pepper Chicken, Slow Cooker

INGREDIENTE

- 4 până la 6 jumătăți de piept de pui fără os, piele îndepărtată sau alte părți de pui

- condimente lamaie piper

- 2 linguri de unt topit sau margarina

PREGĂTIREA

1. Pune puiul în aragazul lent. Stropiți generos cu condimente lămâie și piper. Stropiți cu unt sau margarină peste pui. Gatiti la LOW timp de 6 pana la 8 ore sau pana cand puiul este fraged.

Pui \"Pop\" Tawny's Crock

INGREDIENTE

- 1 1/2 până la 2 1/2 lire bucăți de pui, piept etc.
- 1 sticla mica de ketchup (1 cana)
- 1 ceapa medie, tocata
- 1 cutie marca ta preferată de cola sau Dr. Pepper®

PREGĂTIREA

1. Combinați toate ingredientele în slow cooker; acoperiți și gătiți la foc mic timp de 6 până la 8 ore.
2. Serviți peste orez, tăiței sau cartofi.
3. 4 până la 6 porții.

Chili Alb Cu Pui

INGREDIENTE

- 1 cutie spray cu ulei de gătit

- 1 lingura ulei de masline

- 1 kg piept de pui dezosat; pielea îndepărtată, tăiată în bucăți de 1/2 inch
- 1/4 cană ceapă tocată
- 3 catei de usturoi, tocati
- 1 conserve de tomatillo (aproximativ 16 uncii), scurs și tăiat
- 1 cutie rosii Ro-tel, rosii taiate cubulete cu ardei iute verzi
- 1 cutie bulion de pui (1 1/2 cani)
- 1 conserve (4 uncii) de ardei iute verde tocat, nescurcat
- 1/2 lingurita fulgi de oregano uscat
- 1/2 lingurita de seminte de coriandru, zdrobite
- 1/4 lingurita de chimen macinat
- 2 conserve de fasole mare de nord, scursa
- 3 linguri suc de lamaie
- 1/4 lingurita piper negru
- 1/2 cană brânză Cheddar mărunțită

PREGĂTIREA

1. Pulverizați o tigaie mare cu spray de gătit, adăugați ulei de măsline și încălziți la foc mediu până se încinge. Adăugați

puiul tăiat cubulețe și căleți timp de 3 minute sau până când este gata. Scoateți puiul din tigaie. Puneți toate ingredientele, cu excepția brânzei, într-o oală și gătiți timp de 8 ore. Acoperiți fiecare porție cu puțină brânză măruntită. Serviți chili alb de pui cu chipsuri tortilla, salsa, smântână și condimente la alegere. Porți 6.

Will's Chicken Chili pentru Slow Cooker

INGREDIENTE

- 1 kg de piept de pui sau frânturi
- 2 conserve (aprox. 14,5 oz fiecare) bulion de pui
- 2 conserve (8 oz. fiecare) conserve de sos de rosii
- 1 ceapă, tăiată cubulețe
- 1 cană de porumb congelat
- 1 morcov, feliat
- 1 tulpină de țelină, tăiată cubulețe
- 1 conserve (14,5 uncii) cubulețe de roșii
- 1 cutie de 15 uncii de fasole roșie, plus lichid
- 1 borcan (4 uncii) pimiento tăiat cubulețe, scurs
- 1 ardei jalapeno, taiat cubulete
- 2 lingurițe de pudră de chili (sau mai mult după gust)
- 1 lingurita chimen
- 1 catel de usturoi, tocat (poate inlocui praful de usturoi)
- 1/2 lingurita sare
- busuioc liniuță
- piper piper cayenne (sau mai mult după gust)
- liniuță de oregano
-

garnituri optionale

- smântână

- patrunjel tocat

- brânză măruntită (amestec mexican, cheddar jack, cheddar, pepper jack etc.)

- roșii tăiate cubulețe

- ceapa verde taiata subtire

PREGĂTIREA

1. Combinați toate ingredientele, cu excepția garniturii opționale, în aragazul lent. Acoperiți și gătiți la foc mare timp de 2 ore, apoi la mic timp de încă 6 ore.
2. Sau chiliul poate fi gătit la foc mic timp de 8 până la 10 ore.
3. Serviți în boluri cu garniturile la alegere.

Chili de curcan gros

INGREDIENTE

- 1 kg de curcan măcinat sau carne de vită
- 1/2 cană ceapă tocată grosier
- 2 conserve (14,5 uncii fiecare) de roșii tăiate cubulețe cu suc
- 1 conserve (16 uncii) de fasole pinto, scursă, clătită
- 1/2 cană de salsa gros, preferata ta
- 2 lingurite pudra de chili
- 1 1/2 linguriță de chimen măcinat
- sare si piper dupa gust
- 1/2 cană brânză Cheddar mărunțită sau amestec mexican
- 1 până la 2 linguri măsline negre feliate

PREGĂTIREA

1. Într-o tigaie mare la foc mediu, rumeniți curcanul măcinat și ceapa. Scurgeți excesul de grăsime.
2. Transferați amestecul rumenit în crockpot cu roșii, fasole, salsa, pudră de chili și chimen. Amestecați ușor pentru a amesteca ingredientele.
3. Acoperiți și gătiți la setarea LOW timp de 5 până la 6 ore. Gustați și asezonați cu sare și piper.
4. Se servește cu o praf de smântână și puțină brânză mărunțită și felii de măsline negre.
5. Porti 4.

Piept de curcan afine-mere

INGREDIENTE

-
- 2 linguri de unt
-
- 1 țelină din coastă mare, tocată
- 2 linguri de ceapa sau ceapa tocata marunt, optional
- 1 măr, decojit, fără miez și tăiat cubulețe
- 2 căni de firimituri de umplutură condimentate cu ierburi
- 1/2 cană supă de pui
- 1 conserve (14 uncii) sos de merișoare întregi, împărțit
- 1 lingurita condiment de pasare
- cotlet de piept de curcan, aproximativ 1 1/2 până la 2 kilograme
- sare cușer și piper negru proaspăt măcinat

PREGĂTIREA

1. Într-o tigaie mare sau tigaie la foc mediu, topește untul. Adăugați țelina, ceapa, dacă folosiți, și mărul tăiat cubulețe. Gatiti, amestecand, aproximativ 5 minute.
2. Într-un castron mare, combinați firimiturile de umplutură cu amestecul de legume sotate, bulionul de pui, 1 cană de sos de merișoare și condimentele de pasăre. Se amestecă bine pentru a omogeniza.
3. Pune câteva linguri de amestec de umplutură pe o cotlet de piept de curcan. Începând cu capătul lung rulați și fixați cu scobitori.

4. Aranjați rulourile în aragazul lent.
5. Alternativ, puteți rula ușor curcanul fără umplutură și puneți amestecul de umplutură în jurul rulourilor.
6. Întindeți orice amestec de umplutură în exces în jurul rulourilor de curcan. Stropiți cu sare cușer și piper negru proaspăt măcinat.
7. Acoperiți și gătiți la LOW timp de 5 ore sau la HIGH pentru aproximativ 2 1/2 ore.

Piept de curcan cu sos de afine de portocale

INGREDIENTE

- 1/4 cană zahăr granulat

- 2 linguri amidon de porumb

- 3/4 cană marmeladă de portocale

- 1 cană de merisoare proaspete, măcinate sau tocate mărunt

- 1 piept de curcan mic, dezosat, de aproximativ 3 până la 4 kilograme

- sare si piper dupa gust

PREGĂTIREA

1. Într-o cratiță mică, amestecați zahărul și amidonul de porumb; se amestecă marmeladă și merisoare. Gătiți la foc mediu, amestecând, până când amestecul este spumant și se îngroașă ușor.
2. Pune pieptul de curcan în aragazul lent. Se presară peste tot cu sare și piper.
3. Se toarnă sosul peste curcan.
4. Acoperiți și gătiți la foc mare timp de 1 oră. Reduceți căldura la LOW și gătiți încă 6 până la 8 ore.

5. Introduceți un termometru cu citire instantanee în partea cea mai groasă a pieptului de curcan pentru a verifica dacă este gata.
6. Ar trebui să înregistreze cel puțin 165 ° F până la 170 ° F.
7. Se taie curcanul si se serveste cu sos.
8. Face 6 până la 8 porții.

Curcan cu afine într-o oală

INGREDIENTE

-

1 piept de curcan, decongelat la frigider

- 1 plic amestec de supă de ceapă Lipton (eu l-am folosit pe cel de ierburi)

-

1 cutie de sos de afine

PREGĂTIREA

1. Pune curcanul în Crock Pot. Amestecați sosul de afine și amestecul de supă și turnați peste curcan.
2. Gatiti la maxim 2 ore, apoi la mic timp de 6 pana la 7 ore.
3. Pieptul de curcan trebuie să înregistreze cel puțin 165 pe un termometru alimentar introdus în partea cea mai groasă a cărnii.

Crockpot Curcan Cu Smântână

INGREDIENTE

- 1 piept de curcan dezosat (aproximativ 3 1/2 livre)
- 1 lingurita sare
- 1/4 lingurita piper
- 2 lingurite de marar uscat, impartite
- 1/4 cană apă
- 1 lingura otet alb sau de vin
- 3 linguri de faina
- 1 cană smântână

PREGĂTIREA

1. Stropiți ambele părți ale pieptului de curcan cu sare, piper și 1 linguriță de mărar. Pune pieptul de curcan în crockpot. Adăugați apă și oțet. Acoperiți și gătiți la foc mic timp de 7 până la 9 ore sau până când se înmoaie. Scoateți pieptul de curcan pe un platou; tine de cald. Transferați sucurile într-o

cratiță; puneți pe plită și încălziți la foc mediu-mare. Lasam sa fiarba vioi, neacoperit, aproximativ 5 minute pentru a reduce lichidele. Se dizolvă făina în cantitate mică de apă rece și se amestecă în lichid.
2. Adăugați lingurița rămasă de iarbă de mărar.
3. Se fierbe până se îngroașă, aproximativ 15 până la 20 de minute. Se amestecă smântâna și se oprește focul. Se taie carnea si se serveste cu sosul de smantana.
4. Porți 6.

Sandvișuri cu curcan

INGREDIENTE

-
6 c. curcan taiat

- 3 căni de brânză Velveeta (brânză americană), tăiată sau mărunțită
- 1 conserve (10 3/4 uncii) supă cremă de ciuperci
- 1 conserve (10 3/4 uncii) de supă cremă de pui
- 1 ceapă, tocată
- 1/2 c. Biciul miraculos

PREGĂTIREA

1. În aragazul lent, amestecați curcanul tăiat cubulețe, brânza, supa cremă de ciuperci, supa cremă de pui, ceapa și Miracle Whip. Acoperiți și gătiți la foc mic timp de 3 până la 4 ore. Amestecați amestecul de curcan din când în când. Adăugați puțină apă, dacă este necesar. Serviți cu chifle despicate.

Crockpot Curcan Cu Usturoi

INGREDIENTE

- 1 1/2 kilograme pulpe de curcan dezosate, fără piele
- sare si piper sau piper lamaie dupa gust
- 1 lingura ulei de masline
- 6 catei de usturoi, lasati intregi
- 1/2 cană vin alb sec
- 1/2 cană supă de pui
- 1 lingura patrunjel tocat

PREGĂTIREA

1. Asezonați curcanul cu sare și piper sau piper lămâie. Într-o tigaie mare, la foc mediu-mare, încălziți ulei de măsline. Adăugați pulpe de curcan; rumeniți pentru aproximativ 10 minute.
2. Pune curcanul în aragazul lent; adăugați ingredientele rămase. Gatiti la foc mare timp de 3 pana la 4 ore sau pana cand pulpele de curcan sunt fierte. Scoateți cățeii de usturoi din oală. Se pasează câteva și se întoarce la aragazul lent, dacă se dorește. Serviți curcanul cu sucuri.
3. 4 până la 6 porții.

Sos de paste cu curcan măcinat

INGREDIENTE

- 3 linguri ulei de masline

- 1 lb. curcan măcinat

- 1 conserve (14,5 oz) de roșii înăbușite

- 1 conserve (6 oz.) de pastă de tomate

- 1/2 linguriță. cimbru uscat

- 1 lingurita busuioc uscat frunze

- 1/2 linguriță. oregano

- 1/2 până la 1 linguriță de zahăr, opțional

- 1 lingurita sare, sau dupa gust

- 1/2 cană ceapă tocată

- 1 ardei gras, tocat

- 2 catei de usturoi macinati

-
1 frunză de dafin

-
1/4 cană apă

- 4 uncii ciuperci tocate sau feliate, proaspete sau conservate scurse

PREGĂTIREA

1. Pune ulei în tigaie; maro curcan măcinat încet. În timp ce curcanul măcinat se gătește, puneți roșiile înăbușite, pasta de roșii, cimbru, busuioc, oregano, sare și zahăr în slow cooker. Se amestecă bine și se fierbe la foc mic. Când curcanul este rumenit, se transferă în aragazul lent cu o lingură cu fantă. În tigaie, căleți ceapa, ardeiul, usturoiul și frunza de dafin până se înmoaie. Pentru aragazul încet, adăugați 1/4 cană de apă și ciupercile tocate.
2. Acoperiți și gătiți la foc mic timp de 4 până la 6 ore. Se subțiază cu puțină apă dacă este necesar.
3. Serviți cu spaghete fierbinți fierbinți pastele gătite preferate.
4. Porți 6.

Sloppy Joes de curcan măcinat

INGREDIENTE

- 2 kilograme de curcan măcinat

- 1 cană ceapă tocată

- 2 conserve (15 oz fiecare) sos de rosii

- 1 conserve (6 oz) de pastă de tomate

- 1/2 cană zahăr brun (ambalat ferm)

- 1/3 cană de vin roșu sau oțet de cidru

- 2 linguri sos Worcestershire

- 2 linguri de fum lichid

- 1/2 lingurita sare condimentata

- 1/4 lingurita piper negru

PREGĂTIREA

1. Rumeniți curcanul cu ceapa la foc mediu-mare aproximativ 6 până la 8 minute. Scurgere.
2. Transferați curcanul și ceapa în aragazul lent. Se amestecă ingredientele rămase.
3. Acoperiți și gătiți la foc mic timp de 6 până la 7 ore. Serviți pe rulouri sau felii de pâine.
4. Se servește 8 până la 10.

Cassoulet ușor de gătit

INGREDIENTE

- 1 lingura ulei de masline extravirgin

- 1 ceapa mare, tocata marunt

- 4 pulpe de pui dezosate, fara piele, tocate grosier

- 1/4 de kilogram de cârnați afumati gătiți, cum ar fi kielbasa sau andouille mai picant, tăiați cubulețe

- 3 catei de usturoi, tocati

- 1 lingurita frunze de cimbru uscat

- 1/2 lingurita piper negru

- 4 linguri pasta de rosii

- 2 linguri apă

- 3 conserve (aproximativ 15 uncii fiecare) fasole mare de nord, clătită și scursă

- 3 linguri patrunjel proaspat tocat

PREGĂTIREA

1. Încinge ulei de măsline într-o tigaie mare la foc mediu.
2. Adăugați ceapa în uleiul încins și gătiți, amestecând, până când ceapa este fragedă, aproximativ 4 minute.
3. Se amestecă puiul, cârnații, usturoiul, cimbru și ardeiul. Gatiti 5-8 minute sau pana cand puiul si carnatii sunt rumeniti.

4. Se amestecă pasta de roșii și apa; transfera in slow cooker. Amestecați fasolea mare de nord în amestecul de pui; acoperiți și gătiți la LOW timp de 4 până la 6 ore.
5. Inainte de servire se presara peste cassoulet patrunjelul tocat.
6. Porți 6.

Pulpe de curcan la grătar

INGREDIENTE

- 4 până la 6 pulpe de curcan

- Sare si piper

- 1/2 cană ketchup

- 5 linguri otet de cidru

- 1 lingură sos Worcestershire

- 4 linguri de zahăr brun închis

- 1 lingurita de fum lichid, optional

- 1 conserve (8 uncii) de ananas zdrobit, bine scurs

- 1/2 cană ceapă tocată

PREGĂTIREA

1. Ungeți ușor căptușeala de veselă a aragazului lent. Aranjați pulpele de curcan în aragazul lent și stropiți cu sare și piper.

Combinați ingredientele rămase; se pune peste pulpele de curcan și se întoarce pentru a acoperi bine pulpele. Acoperiți și gătiți la LOW timp de 7 până la 9 ore.
2. 4 până la 6 porții.

Piept de curcan cu lamaie

INGREDIENTE

- 1/4 cană zahăr granulat

- 2 linguri amidon de porumb

- 3/4 cană marmeladă de portocale

- 1 cană de merisoare proaspete, măcinate sau tocate mărunt

- 1 piept de curcan mic, dezosat, de aproximativ 3 până la 4 kilograme

- sare si piper dupa gust

PREGĂTIREA

1. Într-o cratiță mică, amestecați zahărul și amidonul de porumb; se amestecă marmeladă și merisoare. Gătiți la foc mediu, amestecând, până când amestecul este spumant și se îngroașă ușor.
2. Pune pieptul de curcan în aragazul lent. Se presară peste tot cu sare și piper.
3. Se toarnă sosul peste curcan.
4. Acoperiți și gătiți la foc mare timp de 1 oră. Reduceți căldura la LOW și gătiți încă 6 până la 8 ore.
5. Introduceți un termometru cu citire instantanee în partea cea mai groasă a pieptului de curcan pentru a verifica dacă este gata.
6. Ar trebui să înregistreze cel puțin 165 ° F până la 170 ° F.
7. Se taie curcanul si se serveste cu sos.
8. Face 6 până la 8 porții.

Curcan cu gătit lent și orez sălbatic

INGREDIENTE

- 6 până la 8 felii de slănină, tăiate cubulețe, prăjite până devin crocante și scurse

- 1 kilogram de mușchi de curcan, tăiați în bucăți de 1 inch

- 1/2 cană ceapă tocată

- 1/2 cană morcovi tăiați felii

- 1/2 cană țelină feliată

- 2 conserve (14 1/2 oz. fiecare) pui

- bulion, sau 3 1/4 căni de bulion făcut din bază sau granule

- 1 conserve (10 3/4 oz). supa crema condensata de pui sau supa crema de pui cu ierburi

- 1/4 linguriță. maghiran uscat

- 1/8 linguriță. piper

- 1 1/4 căni de orez sălbatic nefiert, clătit

PREGĂTIREA

1. Într-o tigaie grea, gătiți baconul până devine crocant; se scoate cu o lingura cu fanta si se pune deoparte. În picături, rumeniți bucățile de curcan, gătind aproximativ 3 până la 4 minute. Adăugați ceapa, morcovul și țelina; gatiti si amestecati 2 minute.
2. Se amestecă jumătate din bulion și supa într-un cuptor lent. Se amestecă bulionul rămas, maghiranul și ardeiul. Se amestecă amestecul de curcan, baconul și orezul sălbatic.
3. Acoperiți și gătiți la foc mare timp de 30 de minute.

4. Reduceți căldura la minim. Gatiti 6-7 ore pana cand orezul este fraged si lichidul este absorbit. Curcan şi orez sălbatic serveşte 6.

Curcan și legume fierte lent

INGREDIENTE

- piept de curcan dezosat, aproximativ 1 1/2 până la 2 lire sterline
- 1 ceapă (tăiată în patru felii)
- 2 cartofi mici, feliați
- 2 napi mici, taiati cubulete, optional
- pui de morcovi
- 1 pachet de amestec uscat de sos de pui
- 3/4 cană de vin alb sec
- 1/4 cană apă

PREGĂTIREA

1. Se asezonează curcanul cu sare piper și se rumenește pe toate părțile într-o tigaie stropită cu spray de gătit.
2. Adăugați ceapa și gătiți până se rumenește ușor.
3. Pulverizați aragazul lent cu spray de gătit și puneți morcovii pe fund; continuați să stratificați cartofii, napii și ceapa.
4. Puneți curcanul deasupra legumelor.

5. Amestecați sosul cu vinul și apa; se încălzește pe plită sau la cuptorul cu microunde apoi se toarnă peste curcan și legume.
6. Acoperiți și gătiți la maxim timp de 2 ore, apoi întoarceți-l la LOW și gătiți încă 3 până la 4 ore.
7. Porti 4.

Piept de curcan Tender cu sos de portocale-merișoare

INGREDIENTE

- 2 lbs de piept de curcan
- 1/3 cană suc de portocale
- 3/4 cană sos de afine întreg
- 2 linguri de zahar brun
- 1 lingura sos de soia
- 1/2 lingurita ienibahar
- 1 lingura amidon de porumb dizolvat in 1 lingura apa rece
- sare si piper dupa gust

PREGĂTIREA

1. Combinați toate ingredientele; întoarce curcanul pentru a îmbrăca. Acoperiți și gătiți la foc mic timp de 7 până la 9 ore sau la maxim timp de 3 1/2 până la 4 ore. Cu aproximativ 10 minute înainte de servire, amestecați amestecul de amidon de porumb/apă rece. Se asezoneaza dupa gust cu sare si piper.
2. Porti 4.

Curcan Cu Cartofi Dulci

INGREDIENTE

- 3 cartofi dulci medii sau cartofi obișnuiți, decojiți și tăiați în cuburi de 2 inci
- 1 1/2 până la 2 kilograme de pulpe de curcan, fără piele
- 1 borcan (12 uncii) sos de curcan (sau folosiți 1 1/2 până la 2 căni)
- 2 linguri. făină
- 1 lingură. patrunjel uscat
- 1/2 lingurita rozmarin uscat zdrobit
- 1/4 linguriță de cimbru din frunze uscate
- 1/8 linguriță. piper
- 1 1/2 până la 2 căni de fasole verde tăiată congelată

PREGĂTIREA

1. Așezați cartofi dulci și curcan într-un cuptor lent.
2. Combinați sosul, făina, pătrunjelul, rozmarinul, cimbru și piperul; se amestecă până la omogenizare. Turnați amestecul de sos peste curcan și cartofi dulci.
3. Acoperiți și gătiți la foc mare timp de 1 oră. Reduceți căldura la mic și gătiți încă 5 ore.
4. Adăugați fasolea verde în aragazul lent; se amestecă. Acoperiți și gătiți 1 până la 2 ore sau până când curcanul este fraged și sucurile curg limpede.

5. Scoateți curcanul și legumele într-un vas de servire cu o lingură cu fantă.
6. Amestecați sosul și serviți cu curcan și legume.
7. Porți 6

Crock Pot de curcan și orez

INGREDIENTE

- 2 conserve (10 3/4 uncii fiecare) supă cremă de ciuperci sau supă cremă de țelină
- 2 1/2 căni de apă
- 2 1/2 căni de orez alb transformat nefiert
- 1 cană țelină feliată
- 1/4 cana ceapa tocata marunt
- 2 căni de curcan fiert cuburi
- 2 căni de mazăre și morcovi congelați
- 1 lingurita amestec de condimente de pasare

PREGĂTIREA

1. Turnați supa și apă în aragazul lent și amestecați pentru a omogeniza bine. Adăugați ingredientele rămase și amestecați. Gătiți 5 până la 7 ore la scăzut sau 2 1/2 până la 3 1/2 ore la mare. Verificați din când în când pentru a vă asigura că orezul nu devine moale. Porți 8.

Piept de curcan ușor gătit

INGREDIENTE

- 1 piept de curcan, aproximativ 5 kilograme

- 1/2 cană (4 uncii) unt topit

- sare si piper

- 2 linguri amidon de porumb amestecat cu 2 linguri apa
- 1/2 până la 1 cană bulion de pui, după cum este necesar

PREGĂTIREA

1. Se presară sare și piper peste pieptul de curcan și se aranjează într-un aragaz lent mare. Se toarnă untul topit peste curcan.
2. Acoperiți și gătiți la foc mare timp de 6 până la 7 ore sau până când curcanul devine maro și sucul curge limpede când este străpuns cu un cuțit.
3. Turnați sucurile de la aragazul lent într-o cratiță. Aduceți încet la fiert, apoi adăugați amestecul de amidon de porumb și apă. Adăugați puțin bulion de pui, aproximativ 1/2 până la 1 cană, în funcție de cantitatea de lichide rămase în crockpot.
4. Se bate la foc mediu-mic până se omogenizează și se îngroașă.

Plăcintă cu tamale cu curcan măcinat

INGREDIENTE

- 1 kg de curcan măcinat
- 3/4 cană făină de porumb galbenă
- 1 1/2 cani de lapte
- 1 ou, batut
- 1 pachet (1 1/4 uncie) amestec de condimente pentru chili
- 1 cutie (11 până la 16 uncii) de porumb cu sâmburi întregi, scurs
- 1 conserve (14,5 până la 16 uncii) de roșii, tăiate
-
1 cană de brânză mărunțită

PREGĂTIREA

1. Rumeniți curcanul și scurgeți bine. Într-un castron, amestecați făina de porumb, laptele și oul. Adăugați carnea scursă, amestecul uscat de chili, roșiile și porumbul. Se amestecă. Se toarnă într-un cuptor lent de 3 1/2 litri sau mai mare. Acoperiți și gătiți 1 oră la maxim, apoi întoarceți la minim și gătiți 3 ore la mic. Se presară cu brânză. Gatiti inca 5 pana la 10 minute.
2. Porți 6.

Grătar cu curcan

INGREDIENTE

- 2 până la 3 kilograme de cotlet sau cotlete de curcan

- 2 ardei gras verzi, sau combinație de roșu, galben și verde, tăiați în fâșii

- 1 lingurita sare de telina

- Strop de piper

- 1 până la 2 linguri de ceapă tocată mărunt, sau 2 lingurițe de ceapă tocată uscată

-
2 căni de sos grătar gros

PREGĂTIREA

1. Presărați cotlet de curcan cu sare și piper. Coaceți la cuptor la 350° timp de 1 oră acoperit. Descoperiți pentru culoarea mai închisă dorită. Între timp, combinați sosul de grătar și sarea de țelină într-o oală lentă de 5 litri. Adăugați ardeiul verde și ceapa. Acoperiți și gătiți la foc mare în timp ce curcanul se coace. Tăiați curcanul (după cum doriți în bucăți mici până la mijlocii) și adăugați-l în aragazul lent/Crock Pot. Acoperiți și gătiți la foc mic timp de 4 ore sau la foc mare timp de 2 ore.
2. Serviți cu rulouri proaspete.
3. Rețeta de curcan servește 4 până la 6.

Crockpot Turcia și Quesadillas

INGREDIENTE

- 1 piept de curcan, aproximativ 5 kg, cu os
- 3/4 cana patrunjel, impartit
- 1/2 cană ulei vegetal
- 2 linguri sare
- 2 linguri piper negru
- 1 cana otet de mere

PREGĂTIREA

1. Pune curcanul într-un aragaz lent mare. Amestecați 1/2 cană de pătrunjel tocat, ulei vegetal, sare, piper și oțet; se toarnă peste pieptul de curcan. Deasupra se presara patrunjel ramas. Gatiti 4 pana la 4 1/2 ore la maxim sau 8 pana la 9 ore la mic. Scoateți din aragazul lent și lăsați să stea 15 minute înainte de a tăia felii.
2. Porți 6.

3. Pentru a face Ouesadillas de curcan: Se încălzește 1 linguriță de ulei într-o tigaie la foc mediu. Puneți o tortilla de făină în tigaie și întindeți-o cu aproximativ 1/2 cană de amestec de brânză în stil mexican și 1/4 până la 1/2 cană cuburi de curcan.
4. Acoperiți cu o a doua tortilla. Se fierbe până când brânza începe să se topească. Întoarceți cu o spatulă și rumeniți cealaltă parte. Tăiați quesadilla în sferturi și serviți cu salsa.
5. Porți 6

Piept de curcan cu marmelada

INGREDIENTE

- piept de curcan (pentru a se potrivi în crockpot)
-
1 borcan marmeladă de portocale sau gem de portocale de ananas
-
scorţişoară

PREGĂTIREA

1. Pune un piept de curcan în slow cooker/Crock Pot, toarnă peste piept 1 borcan de marmeladă de portocale sau ananas/gem de portocale şi presară puţină scorţişoară deasupra. Gatiti la foc mic timp de 6 pana la 8 ore sau la maxim aproximativ 4 ore.

Caserolă de curcan și broccoli cu gătirea lentă

INGREDIENTE

- 8 uncii de ciuperci

- 2 linguri de unt

- 1 conserve (10 3/4 uncii) supă condensată de ciuperci aurii

- 5 linguri maioneza, aproximativ 1/3 cana

- 3 linguri lapte

- 1 lingura de mustar preparat

- 1/4 lingurita piper negru

- 4 căni de curcan fiert tăiat cubulețe

- 16 uncii de broccoli tăiat congelat

- 1 cană de brânză americană mărunțită

-

1/4 cană migdale prăjite•, opțional

PREGĂTIREA

1. Pulverizați interiorul crockpot cu spray de gătit sau ungeți ușor cu unt.
2. Într-o tigaie, la foc mediu mic, căliți ciupercile feliate în unt până se înmoaie. În crockpot, combinați ciupercile, supa, maioneza, laptele, muștarul și piperul. Se amestecă curcanul tăiat cubulețe și broccoli. Acoperiți și gătiți la setarea LOW timp de 5 ore. Se amestecă brânza; acoperiți și gătiți încă 30 de minute. Presărați cu migdale prăjite, dacă doriți, chiar înainte de servire.

3. Porți 6.

•Pentru a prăji nuci, întindeți într-un singur strat pe o tavă de copt. Prăjiți într-un cuptor la 350°, amestecând ocazional, timp de 10 până la 15 minute. Sau, prăjiți într-o tigaie neunsă la foc mediu, amestecând, până când devine maro auriu și aromat.

Plăcintă cu curcan cu gătit lent
INGREDIENTE

- 3 căni de pui sau curcan fiert tăiat cubulețe
- 2 conserve (14 1/2 uncie fiecare) bulion de pui
- 1/2 lingurita sare
- 1/2 lingurita piper
- 1 tulpină de țelină, feliată subțire
- 1/2 cană ceapă tocată
- 1 frunză mică de dafin
- 3 cani de cartofi taiati cubulete
- 1 pachet amestec de legume congelate (16 oz)
- 1 cană lapte
- 1 cană de făină
- 1 lingurita piper negru
- 1/2 lingurita amestec de condimente de pasare
- 1/2 lingurita sare
-

1 crustă de plăcintă refrigerată de 9 inci

PREGĂTIREA

1. Combinați puiul, bulionul de pui, 1/2 linguriță sare, 1/2 linguriță piper, țelina, ceapa, frunza de dafin, cartofii și amestecul de legume într-un cuptor lent. Acoperiți și gătiți la foc mic 7 până la 9 ore sau la maxim 3 1/2 până la 4 1/2 ore. Îndepărtați frunza de dafin.

2. Încinge cuptorul la 375°. Într-un castron mic, amestecați laptele și făina. Amestecați treptat făina și amestecul de lapte în aragazul lent. Amestecați piperul, condimentele de pasăre și sare. Scoateți căptușeala de pe baza cuptorului lent și puneți cu grijă crusta de plăcintă de 9 inci peste amestec.

3. **Puneți vesela în cuptorul preîncălzit și coaceți (neacoperit) aproximativ 15 până la 20 de minute sau până se rumenesc. Dacă căptușeala dvs. nu este detașabilă sau este prea mare pentru crustă, puneți amestecul într-o tavă, acoperiți cu crusta de plăcintă și coaceți ca mai sus.**

4. Porți 8.

Curcan cu Sos

INGREDIENTE

• 1 până la 1 1/2 kilograme de frânturi de piept de curcan (tăiate în jumătate dacă sunt mari) sau cotlet de curcan feliate

• 1 pachet amestec de sos de curcan (uscat)

• 1 cutie de supă cremă de ciuperci (obișnuită sau fără grăsimi 98%)

• 1 lingură amestec de supă de ciuperci și ceapă (amestec uscat, aproximativ 1/2 pachet) sau folosiți câteva

• linguri de ceapa tocata si ciuperci uscate sau conservate

• sare si piper dupa gust

PREGĂTIREA

1. Combinați toate ingredientele în Crock Pot; acoperiți și gătiți la foc mic timp de 6 1/2 până la 8 ore. Serviți cu orez sau cartofi.
2. Porti 4.

Turcia Madeira

INGREDIENTE

- 1 1/2 lb piept de curcan

- 2 uncii de ciuperci uscate

- 3/4 cană supă de pui

- 3 linguri de vin Madeira

- 1 lingura suc de lamaie

- sare si piper dupa gust

PREGĂTIREA

1. Acoperiți și gătiți la foc mic timp de 6 până la 8 ore. Îngroșați sucurile cu amidon de porumb, dacă doriți, și serviți cu orez.
2. Porti 4.

Pulpe de curcan ranch

INGREDIENTE

- 3 pulpe de curcan

- Sare si piper

- 1 plic amestec de sos enchilada

- 1 conserve (6 oz.) pastă de tomate

- 1/2 cană apă

- 2 cani de brânză Monterey Jack mărunțită

- 1/2 cană smântână

- 1/4 cana ceapa verde tocata

- 1 conserve (4 uncii) măsline coapte feliate

PREGĂTIREA

1. Tăiați fiecare pulpă de curcan în jumătate și îndepărtați osul. Se presară curcanul cu sare și piper și se aranjează în insertul de aragaz lent.
2. Combinați amestecul de sos de enchilada, pasta de roșii și apa; se amestecă până se omogenizează bine. Întindeți amestecul de sos deasupra pulpelor de curcan.
3. Acoperiți și gătiți la LOW timp de 6 până la 7 ore sau până când curcanul este fraged. Rotiți comanda în poziție HIGH; amestecați brânza și continuați să amestecați până când brânza se topește.
4. Transferați într-un vas de servire și acoperiți cu smântână și ceapă verde tocată.
5. Se ornează cu măsline coapte feliate.
6. Serviți cu tortilla și orez mexican ușor, dacă doriți.
7. 4 până la 6 porții.

Crockpot de curcan și orez caserolă

INGREDIENTE

- 2 conserve (10 3/4 uncii fiecare) supă cremă condensată de ciuperci
- 3 căni de apă
- 3 căni de orez alb cu bob lung transformat (nefiert)
- 1 cană de țelină feliată subțire
- 2 până la 3 căni de curcan fiert cuburi
- 2 căni de legume mixte congelate (mazăre și morcovi, amestec oriental etc.)
- 1 lingurita condiment de pasare
- 1 lingura ceapa tocata uscata

PREGĂTIREA

1. Combinați supa și apa în aragazul lent. Adăugați ingredientele rămase și amestecați bine. Acoperiți și gătiți 6 până la 7 ore la foc mic sau aproximativ 3 până la 3 1/2 ore la maxim, până când orezul este fraged, dar nu moale.
2. 4 până la 6 porții.

Tocană de curcan cu ciuperci și smântână

INGREDIENTE

- 1 kilogram de cotlete sau cotlet de curcan, tăiate în fâșii de 3-X 1 inch
- 1 ceapă medie, tăiată în jumătate și feliată subțire
- 3 cepe verde cu verde, tocate
- 8 uncii ciuperci proaspete feliate
- 3 linguri de făină universală
- 1 cană de lapte sau jumătate și jumătate
- 1 lingurita tarhon frunza uscata, maruntita
- 1 lingurita patrunjel uscat
- 1 lingurita sare
- 1/8 lingurita piper
- 1/2 cană mazăre congelată și morcovi
- 1/2 cană smântână

PREGĂTIREA

1. Într-un aragaz lent, puneți fâșii de curcan, ceapă și ciuperci. Acoperiți și gătiți la setarea LOW timp de 4 ore. Scoateți într-un castron de servire cald, apoi întoarceți aragazul lent la MARE.
2. Combinați făina și laptele până când făina se dizolvă și amestecul este omogen; se amestecă în suc în slow cooker. Adăugați tarhon, pătrunjel, sare și piper. Întoarceți curcanul și legumele în oală; adauga legume congelate. Acoperiți și

gătiți la foc mare timp de 1 oră sau până când sosul se îngroașă și legumele sunt gata.
3. Dacă doriți, adăugați smântâna chiar înainte de servire. Serviți peste orez sau puncte de pâine prăjită, dacă doriți.
4. Porti 4.

Easy Crockpot Turkey Tetrazzini

INGREDIENTE

-
- 1 cană apă fierbinte
- 1 conserve (10 3/4 uncii) de supă cremă de pui sau cremă de pui cu ierburi
- 1 conserve (4 uncii) de ciuperci, cu lichid
- 2 linguri pimiento tocat
- 2 căni de curcan fiert tăiat cubulețe
- 1 cană de brânză Cheddar mărunțită
- 1/4 cana ceapa tocata marunt
- 1 lingurita fulgi de patrunjel uscat
- liniuță de nucșoară
- 2 căni de spaghete nefierte sparte

PREGĂTIREA

1. Pulverizați în interiorul vasei de gătit lentă cu spray de gătit aromat. Într-un castron, combinați apa, supa, ciupercile cu lichid și pimiento. Se amestecă curcanul, brânza, ceapa, pătrunjelul și nucșoara. Adăugați spaghetele rupte. Se amestecă pentru a se combina și se toarnă în crockpot. Acoperiți și gătiți la LOW timp de 4 până la 6 ore, până când spaghetele sunt fragede. Se amestecă înainte de servire. 4 până la 6 porții.

Sos de spaghete Vickie's cu cârnați de curcan

INGREDIENTE

- 6 uncii pastă de tomate
- 16 uncii de roșii înăbușite
- 8 uncii de sos de roșii
- 28 uncii roșii, conservate, scurse
- 1/2 cană vin roșu
- 1/2 cană apă
- 1/2 lingurita zahar
- 1/8 linguriță de oregano din frunze uscate
- 1/8 lingurita busuioc uscat din frunze
- 1 frunză de dafin
- 1 1/2 linguriță de condimente italiene
- 1 lingurita pudra de chili
- 2 lingurite de usturoi, tocat
- 1 kg piept de curcan, fiert și tăiat cubulețe
- 1/2 kilogram de cârnați italian de curcan, gătiți, feliați
- 2 cepe, feliate
- 1 ardei gras, feliat
- 1/2 lingurita sare, optional

PREGĂTIREA

1. Combinați toate ingredientele în crockpot. Acoperiți și gătiți la LOW timp de 8 până la 10 ore.
2. Se servește 10 până la 12. Poate fi congelat.

Piept de curcan înăbușit la vin

INGREDIENTE

- 1 piept de curcan întreg dezosat (aproximativ 3 kg)
- 1 ceapă medie, tăiată în jumătate și feliată subțire
- 1/2 lingurita de cimbru
- 1 cățel mare de usturoi, feliat subțire
- sare si piper dupa gust
- 1/4 cană de vin Madeira
- 1 lingura miere
- 1 până la 2 uncii de ciuperci uscate, cum ar fi Porcini, înmuiate în 1/4 cană apă
- 1 lingura amidon de porumb amestecat cu 2 linguri apa rece

PREGĂTIREA

1. Scoateți pieptul de curcan din ambalaj și plasă și clătiți sub apă rece; se usucă. Pune pieptul de curcan în aragazul lent; adăugați ceapa, cimbru, usturoi, sare și piper, vin, miere și ciuperci cu lichid de înmuiat. Acoperiți și gătiți la foc mic timp de 8 până la 10 ore. În ultimele 30 de minute turnați lichid într-un recipient pentru a îndepărta excesul de grăsime, dacă doriți, și puneți bulionul în oală. Amestecați amestecul de amidon de porumb și continuați să gătiți până când se omogenizează și se îngroașă.

2. Serve de la 5 la 6.

Apple Betty

INGREDIENTE

- 3 kg mere de gătit, Roma, Granny Smith, Jonathan etc.
- 10 felii de pâine, cubulețe, aproximativ 4 căni de cuburi de pâine
- 1/2 linguriță. scorțișoară măcinată
- 1/4 linguriță. nucșoară măcinată
- 1/8 linguriță. sare
- 3/4 cană zahăr brun, ambalat
- 1/2 cană unt topit

PREGĂTIREA

1. Spălați merele, curățați, miezul, tăiați în optimi. Ar trebui să aveți aproximativ 7 până la 8 căni de mere feliate. Puneți felii de mere în fundul oală cu unt. Combina cubuletele de paine cu scortisoara, nucsoara, sare, zahar, unt; aruncă împreună. Puneți deasupra merelor în coș. Acoperiți și gătiți la LOW timp de 2 1/2 până la 4 ore.
2. Porți 6.

Unt de mere

INGREDIENTE

- 7 cani de sos de mere, natural

- 2 căni de cidru de mere

- 1 1/2 cană de miere

- 1 lingurita scortisoara macinata

- 1/4 lingurita cuisoare macinate, optional

- 1/2 linguriță ienibahar

PREGĂTIREA

1. Într-un aragaz lent, combinați toate ingredientele. Acoperiți și gătiți la LOW timp de 14 până la 15 ore sau până când amestecul devine un maro intens.
2. Pune untul de mere fierbinte în borcane sterilizate fierbinți și sigilează, apoi procesează jumătate de litri sau halbe 10 minute într-o baie de apă clocotită.
3. Face 4 halbe sau 8 borcane de jumătate de halbă.

xApple-Cocos Crisp

INGREDIENTE

- 4 mere Granny Smith mari, fără miez, decojite și tăiate grosier (aproximativ 4 căni)
- 1/2 cană fulgi de cocos îndulcit
- 1 lingura de faina
- 1/3 cană zahăr brun
- 1/2 cană topping de înghețată cu unt sau caramel (fără grăsimi este bine)
- 1/2 lingurita scortisoara
- 1/3 cană făină
- 1/2 cană de ovăz rulat rapid
-
2 linguri de unt

PREGĂTIREA

1. Într-un vas de copt de 1 1/2 litru care se potrivește în aragazul lentă/Crock Pot, combinați merele cu nucă de cocos, 1 lingură de făină, 1/3 cană de zahăr brun și scorțișoară. Stropiți cu topping de înghețată. Combinați ingredientele rămase într-un castron mic cu o furculiță sau un tăietor de patiserie și presărați amestecul de mere. Acoperiți și gătiți la foc mare timp de 2 1/2 până la 3 ore, până când merele sunt fragede. Se serveste cald cu inghetata de vanilie sau topping batut.

Crisp cu mere şi afine

INGREDIENTE

- 3 mere mari, decojite, fără miez şi feliate
- 1 cană de afine
- 3/4 cană zahăr brun
- 1/3 cană de ovăz rulat (gătire rapidă)
- 1/4 linguriţă. sare
- 1 lingură. scorţişoară
- 1/3 cană unt, înmuiat

PREGĂTIREA

1. Puneţi felii de mere şi merişoare în aragazul lent. Se amestecă ingredientele rămase într-un bol; se presară deasupra măr şi merişoare. Puneţi 4 sau 5 prosoape de hârtie deasupra aragazului lent şi puneţi o ustensile, cum ar fi o lingură de lemn deasupra, pentru a împiedica capacul să se etanşeze etanş. Aşezaţi capacul deasupra. Acest lucru permite aburului să scape. Puneţi aragazul lent la mare şi gătiţi aproximativ 2 ore.
2. Porti 4.

Compot de mere afine

INGREDIENTE

- 6 mere de gătit, decojite, fără miez și feliate
- 1 cană de afine proaspete
- 1 cană de zahăr granulat
- 1/2 lingurita coaja rasa de portocala
- 1/2 cană apă
- 3 linguri de porto sau suc de portocale
- smantana groasa, optional

PREGĂTIREA

1. Aranjați feliile de mere și merisoarele în aragazul lent. Presărați zahăr peste fructe. Se adauga coaja de portocala, apa si vinul. Se amestecă pentru a amesteca ingredientele. Acoperiți, gătiți la LOW timp de 4 până la 6 ore, până când merele sunt fragede. Serviți fructele calde cu sucuri, acoperite cu smântână, dacă doriți.
2. Porți 6.

Budincă de mere și curmale

INGREDIENTE

- 5 mere Jonathan sau Granny Smith, decojite, fără miez și tăiate cubulețe (sau alte mere pentru gătit)
- 3/4 cană zahăr granulat
- 1/2 cană curmale tocate
- 1/2 cană nuci pecan prăjite, tocate•
- 2 linguri faina
- 1 lingurita praf de copt
- 1/8 lingurita sare
- 1/4 lingurita nucsoara
- 1/4 lingurita scortisoara
- 2 linguri de unt topit
- 1 ou, batut

PREGĂTIREA

1. În aragazul lent, puneți merele, zahărul, curmalele și nucile pecan; se amestecă pentru a se amesteca. Într-un castron separat, amestecați împreună făina, praful de copt, sarea, nucșoara și scorțișoara; se amestecă în amestecul de mere. Stropiți cu unt topit peste amestec și amestecați. Se amestecă oul bătut. Acoperiți și gătiți la LOW timp de 3 până la 4 ore. Serviți cald.
2. •Pentru a prăji nuci, întindeți într-un singur strat pe o tavă de copt. Prăjiți într-un cuptor la 350°, amestecând ocazional, timp de 10 până la 15 minute.

3. Sau, prăjiți într-o tigaie neunsă la foc mediu, amestecând, până când devine maro auriu și aromat.

Cheesecake cu mere și nuci

INGREDIENTE

•

Crustă:

- 1 cană (puțin) firimituri de biscuiți graham
- 1/2 lingurita scortisoara
- 2 linguri de zahar
- 3 linguri de unt, topit
- 1/4 cană nuci sau nuci tocate mărunt

•

Umplere:

- 16 uncii cremă de brânză
- 1/4 cană zahăr brun
- 1/2 cană zahăr alb granulat
- 2 ouă mari
- 3 linguri smantana grea pentru frisca
- 1 lingura amidon de porumb
- 1 lingurita vanilie

•

Topping:

- 1 mar mare, feliat subtire (aproximativ 1 1/2 cani)
- 1 lingurita scortisoara
- 1/4 cană zahăr

- 1 lingura nuci sau nuci tocate marunt

PREGĂTIREA
1. Combinați ingredientele crustei; bate într-o tavă cu arc de 7 inci.
2. Bate zaharurile in crema de branza pana devine omogen si cremos. Bateți ouăle, frișca, amidonul de porumb și vanilia. Bateți aproximativ 3 minute la viteza medie a unui mixer electric de mână. Turnați amestecul în crusta pregătită.
3. Combinați feliile de mere cu zahăr, scorțișoară și nuci; puneți toppingul uniform deasupra cheesecake-ului. Puneți cheesecake-ul pe un suport (sau „inel" de folie de aluminiu pentru a-l feri de fundul oalei) în Crock Pot.
4. Acoperiți și gătiți la foc mare timp de 2 1/2 până la 3 ore.
5. Lăsați să stea în vasul acoperit (după ce l-ați oprit) timp de aproximativ 1 până la 2 ore, până când se răcește suficient pentru a fi manipulat.
6. Se răcește bine înainte de a îndeparta părțile laterale ale tigaii.
7. Se răcește înainte de servire; păstrați resturile la frigider.

8. Cuptor: Coaceți la 325 ° F aproximativ 45 minute până la 1 oră, apoi opriți cuptorul și lăsați-l să se răcească în cuptor pentru aproximativ 4 ore.

Tort cu cafea Plăcintă cu mere
INGREDIENTE

• Amestec de mere:

• 1 conserve (20 oz) umplutură de plăcintă cu mere, felii de mere oarecum rupte

• 1/2 lingurita scortisoara

• 3 linguri de zahar brun

• .

• Aluat de tort:

• 2 amestecuri mici de tort galben (Jiffy - 9 uncii fiecare)

• 2 ouă, bătute

• 1/2 cană smântână (uşoară)

• 3 linguri de unt moale sau margarina

• 1/2 cană lapte evaporat

• 1/2 lingurita scortisoara

• 1 lingurita de unt sau margarina pentru ungerea slow cooker

PREGĂTIREA

1. Combinaţi ingredientele pentru amestecul de mere într-un castron mic. Combinaţi ingredientele pentru aluat; amesteca bine. Ungeţi cu unt generos părţile laterale şi fundul unei oală lentă de 3 1/2 litri/Crock Pot. Întindeţi aproximativ jumătate din amestecul de mere în fundul oalei. Peste amestecul de mere se pune 1/2 aluat. Turnaţi amestecul de

mere rămas peste aluat, apoi acoperiți cu aluatul rămas. Acoperiți și gătiți la foc mare timp de 2 până la 2 1/2 ore.
2. Opriți căldura, lăsați capacul ușor întredeschis și răciți aproximativ 15 minute. Răsturnați pe o farfurie, recuperând toate merele rămase în fundul oalei și așezându-le deasupra prăjiturii. Face o prăjitură de aproximativ 7 inchi în diametru și 3 1/2 inci înălțime.

Variante:

1. Înlocuiți umplutura cu piersici sau altă plăcintă

3. Adăugați nuci pecan tocate sau nuci în amestecul de mere

Prajitura cu budinca de mere

INGREDIENTE

- 2 căni de zahăr granulat
- 1 cană ulei vegetal
- 2 oua
- 2 lingurite extract de vanilie
- 2 căni de făină universală
- 1 lingurita de bicarbonat de sodiu
- 1 lingurita nucsoara
- 2 căni de mere de gătit, fără coajă, fără miez, tăiate mărunt
- 1 cana nuci tocate

PREGĂTIREA

1. Într-un castron mare de mixer, amestecați zahărul, uleiul, ouăle și vanilia. Adăugați făină, sifon și nucșoară; amesteca bine.
2. Pulverizați o cutie de două kilograme cu spray de gătit sau unsoare și făinați-o bine sau folosiți un alt vas de copt care se va potrivi în aragazul dvs. lent.
3. Se toarnă aluatul în cutie sau în tava de copt, umplându-se până la 2/3.

4. Puneți-l în Crock-Pot sau în aragazul lent. Nu adăugați apă în oală.
5. Acoperiți, dar lăsați capacul ușor întredeschis pentru a lăsa aburul să iasă.
6. Gatiti la maxim 3 1/2 pana la 4 ore. Nu aruncați o privire înainte de ultima oră de coacere.
7. Tortul este gata când blatul este pus.
8. Lasă-l să stea câteva minute înainte de a o arunca pe o farfurie. Serviți cu topping, frișcă îndulcită sau un sos pentru desert.

Pâine de caise cu nuci

INGREDIENTE

- 3/4 cană caise uscate
- 1 cană de făină
- 2 linguri praf de copt
- 1/4 lingurita bicarbonat de sodiu
- 1/2 lingurita sare
- 1/2 cană zahăr granulat
- 1/2 cană făină integrală
- 3/4 cană lapte
- 1 ou, putin batut
- 1 lingura coaja rasa de portocala
- 1 lingura ulei vegetal
- 1 cană nuci pecan tocate grosier

PREGĂTIREA

1. Puneți caisele pe o masă de tăiat și presărați peste ele 1 lingură de făină. Înmuiați un cuțit în făină și tocați mărunt caisele uscate. Făinați des cuțitul pentru a nu se lipi caisele. Cerneți împreună făina rămasă, praful de copt, bicarbonatul de sodiu, sarea și zahărul într-un castron mare. Se amestecă făina integrală de grâu. Combinați laptele, oul, coaja de portocală și uleiul. Se amestecă în amestecul de făină.
2. Încorporați caisele tăiate, orice făină rămasă pe masa de tăiat și nucile pecan tocate. Se toarnă într-o unitate de copt bine unsă cu făină sau într-o altă tavă rezistentă la căldură

sau într-o caserolă care se potrivește în aragazul tău lent. Acoperiți și puneți-l pe un suport (sau folie mototolită) în aragazul lent, dar deschideți capacul o fracțiune cu o răsucire de folie pentru a lăsa excesul de abur să scape. Gătiți pâinea cu nuci de caise la maxim timp de 4 până la 6 ore. Se răcește pe un grătar timp de 10 minute. Serviți cald sau rece.
3. Face 4 până la 6 porții.

Mere coapte

INGREDIENTE

- 6 mere mari de gătit

- 3/4 cană suc de portocale

- 2 lingurite coaja de portocala rasa

- 1 lingurita coaja de lamaie rasa
- 3/4 cană de vin blush sau suc de mere-merişoare
- 1/4 lingurita scortisoara
- 1/2 cană zahăr brun deschis

- frisca

PREGĂTIREA

1. Scoateți miezul din mere şi puneți-l în aragazul lent. Într-un castron mic, combinați sucul de portocale, coaja de portocală rasă, coaja de lămâie rasă, vinul sau sucul, scorțişoara şi zahărul brun. Se toarnă peste mere. Acoperiți oala şi gătiți la foc mic timp de aproximativ 3 1/2 ore sau până când merele sunt fragede. Se raceste putin si se serveste cu frisca sau topping.

Mere coapte II

INGREDIENTE

- 6 până la 8 mere de gătit mediu (McIntosh, Rome Beauty, Granny Smith, Fuji, Jonathan etc.)

- 2 până la 3 linguri de stafide

- 1/4 cană zahăr granulat

- 1 lingurita de scortisoara, impartita

- 2 linguri de unt, tăiate în bucăți mici

PREGĂTIREA

1. Scoateți puțin din coajă din jurul vârfului merelor și îndepărtați miezul.
2. Într-un castron, amestecați stafidele, zahărul și 1/2 linguriță de scorțișoară; umple centrul de mere.
3. Așezați merele în aragazul lent și stropiți cu scorțișoara rămasă. Se punctează bucățile de unt.
4. Turnați 1/2 cană de apă caldă în jurul merelor.
5. Acoperiți și gătiți la LOW timp de 6 până la 8 ore, până când merele sunt fragede.

Crema la cuptor

INGREDIENTE

- 3 oua, batute usor

- 1/3 cană zahăr granulat

- 1 lingurita vanilie

- 2 căni de lapte

-
1/4 lingurita nucsoara macinata

PREGĂTIREA

1. Într-un bol de amestecare combinați ouăle, zahărul, vanilia și laptele; amesteca bine. Se toarnă într-un vas de copt de 1 sau 1 1/2 litru sau sufle, ușor uns cu unt, care se va potrivi în aragazul lent și stropiți cu nucșoară. Puneți un suport sau un inel de folie de aluminiu în aragazul lent, apoi adăugați 1 1/2 până la 2 căni de apă fierbinte în oală. Acoperiți vasul de copt cu folie de aluminiu și puneți-l pe grătar în oală. Acoperiți și gătiți la foc mare timp de 2 1/2 până la 3 ore sau până când se fixează.
2. 4 până la 6 porții.

Pâine cu banane

INGREDIENTE

- 1/3 cană de scurtare

- 1/2 cană zahăr

- 2 oua

- 1 3/4 cani de faina

- 1 lingurita praf de copt

- 1/2 lingurita sare

- 1/2 lingurita bicarbonat de sodiu

- 1 cană piure de banane

- 1/2 cană de stafide sau curmale tocate

- 1/2 cană nuci pecan tocate, opțional

PREGĂTIREA

1. Într-un bol de mixare, smântână împreună shortening și zahăr; se adauga ouale si se bate bine. Adăugați ingredientele uscate alternativ cu piure de banane; se amestecă cu stafide sau curmale tocate și nuci pecan tocate, dacă se folosește. Ungeți o cutie de 4 căni și turnați aluatul în ea. Acoperiți capacul cutiei cu 6 până la 8 straturi de prosop de hârtie; și puneți pe grătar în aragaz. Acoperiți oala și gătiți la foc mare timp de 2 până la 3 ore (sau până când pâinea este gata). Distribuit pe forum.

Pâine cu banane și nuci

INGREDIENTE

- 1 cană de unt sau margarină

- 2 căni de zahăr

- 4 ouă

- 1/4 lingurita sare

- 2 lingurite de sifon

- 4 căni de făină

- 6 banane mari, foarte coapte, pasate

- 1 cană nuci pecan tocate mărunt

PREGĂTIREA

1. Crema impreuna untul si zaharul. Se adauga ouale, pe rand, batand dupa fiecare adaugare. Cerne ingredientele uscate împreună; se adaugă la amestecul de smântână. Se amestecă bananele și nucile pecan tocate.
2. Se toarnă aluatul de pâine cu nuci și banane în 2 forme de pâine bine unse; Se coace la 325° timp de aproximativ 1 oră și 15 minute, sau până când o scobitoare introdusă în centru iese curată. Această rețetă de pâine cu banane face 2 pâini.

Banane confiate

INGREDIENTE

- 6 banane coapte, dar ferme, decojite

- 1/2 cană fulgi de nucă de cocos

- 1/2 lingurita scortisoara macinata

- 1/4 lingurita sare

- 1/2 cană sirop de porumb închis

- 1/4 cană unt, topit

- 1 lingură coajă de lămâie rasă

- 3 până la 4 linguri suc de lămâie (1 lămâie medie)

PREGĂTIREA

1. Aranjați bananele decojite în fundul crockpot; se presara cu nuca de cocos, scortisoara si sare.
2. Combinați siropul de porumb închis, untul, coaja de lămâie și sucul; se toarnă peste stratul de banane.
3. Acoperiți și gătiți la LOW timp de 1 1/2 până la 2 ore.

Merele Carmel

INGREDIENTE

- 2 pachete (14 oz fiecare) caramele
- 1/4 cană apă
- 8 mere medii, cum ar fi McIntosh, Gala sau Fuji
- bețe pentru mere

PREGĂTIREA

1. În aragazul lent, combinați caramelele și apa. Acoperiți și gătiți la foc mare timp de 1 până la 1 1/2 oră sau până când caramelele se topesc, amestecând frecvent.
2. Între timp, tapetați o tavă cu hârtie de ceară; ungeți hârtia.
3. Se spală și se usucă merele. Introduceți un băț în capătul tulpinii fiecărui măr. Reduceți căldura crockpot la LOW.
4. **Notă:** Dacă caramelul se arde, treceți-l printr-o sită de plasă și aruncați orice particule întunecate.
5. Puneți sosul într-o cratiță sau înapoi în aragazul lent curățat și păstrați-l cald în timp ce scufundați merele.
6. Înmuiați mărul în caramel fierbinte; întoarceți-vă pentru a acoperi întreaga suprafață. Ținând mărul deasupra oală, îndepărtați acumularea în exces de caramel din mărul de jos.
7. Pune merele acoperite pe hârtie ceară pregătită în tavă. Pe măsură ce te apropii de fundul oalei, folosește o lingură pentru a pune caramel fierbinte peste mere. Pune tava cu mere acoperite la frigider pentru a se fixa bine. Aveți grijă

dacă copiii vă ajută; crockpot va fi probabil destul de fierbinte la atingere și caramelul s-ar putea opări.
8. Face 8 mere caramel.

Fondue de rom caramel

INGREDIENTE

-
- 1 pungă (14 uncii) uncii de caramele
- 2/3 cană smântână groasă sau smântână pentru frișcă
- 1/2 cană de bezele miniaturale
- 2 până la 3 lingurițe rom sau 1/2 linguriță extract de rom

PREGĂTIREA

1. Combinați caramelele și smântâna pentru frișcă într-un cuptor lent. Acoperiți și gătiți la LOW până când caramelele se topesc, aproximativ 1 1/2 ore. Se amestecă bezele și aroma de rom până se omogenizează bine. Acoperiți și continuați să gătiți aproximativ 30 de minute.
2. Serviți cu felii de mere, cuburi de prăjitură sau folosiți ca sos pentru turtă dulce sau înghețată.

Cherry Crisp

INGREDIENTE

- 1 conserve (21 oz) umplutură de plăcintă cu cireşe
- 2/3 cană zahăr brun
- 1/2 cană de ovăz cu gătit rapid
- 1/2 cană făină
- 1 lingurita vanilie
- 1/3 cană unt, înmuiat

PREGĂTIREA

1. Ungeţi uşor cu unt o oală lentă de 3 1/2 litri/Crock Pot. Puneţi umplutura de plăcintă cu cireşe în aragazul lent/Crock Pot. Combinaţi ingredientele uscate cu vanilia şi amestecaţi bine; tăiaţi în unt cu un tăietor de patiserie sau cu o furculiţă. Presăraţi firimituri peste umplutura de plăcintă cu cireşe. Gatiti 5 ore la foc mic.

Grupuri de ciocolată

INGREDIENTE

- 2 kilograme de coajă de migdale albă sau ciocolată albă pentru scufundare
- 4 uncii de ciocolată dulce germană sau ciocolată cu lapte pentru scufundare
- 1 pachet chipsuri de ciocolată semidulce (12 uncii)
- 24 uncii de arahide prăjite uscate

PREGĂTIREA

1. Pune toate ingredientele în crockpot; se acoperă și se fierbe la foc mare timp de 1 oră. Nu amestecați. Puneți Crock Pot la minim și amestecați la fiecare 15 minute timp de încă o oră. Puneți pe hârtie cerată și lăsați să se răcească. Păstrați bomboane într-un recipient bine acoperit.

Crockpot cu fructe de mare

INGREDIENTE

- 2 conserve de creveți (aproximativ 5 uncii fiecare), scurgeți
- 2 conserve de ton (aprox. 7 uncii fiecare), fulgi
- 2 conserve de carne de crab (aproximativ 7 uncii fiecare), culegeți, îndepărtați cartilajul
- 1 cutie de piment tocat (4 uncii), scurs
- 1/3 cana patrunjel proaspat tocat
- 3 căni de orez instant, nefiert
- 2 conserve supa crema condensata de ciuperci
- 3 căni de apă
- 1/2 cană vin alb sec
- 1/4 cană ceapă, tocată
- 2 lingurițe iarbă de mărar
- 1/2 lingurita boia
- 1/2 lingurita sos Tabasco

PREGĂTIREA

1. Pune primele șase ingrediente în crockpot. Combina supa crema de ciuperci cu apa, vin, ceapa, marar, boia de ardei si sos Tabasco. Se toarnă peste amestecul de orez și fructe de mare în crockpot; se amestecă ușor pentru a se amesteca bine.
2. Acoperiți și gătiți la foc mic timp de 3 până la 4 ore, până când orezul este fraged.

Caserolă cu somon și cartofi

INGREDIENTE

- 4 până la 5 cartofi medii, decojiți și tăiați felii
- 3 linguri de făină
- sare si piper
- 1 cutie (16 uncii) de somon, scurs și fulgi
- 1/2 cană ceapă tocată
- 1 cutie (10 3/4 uncii) supă cremă de ciuperci sau supă cremă de țelină
- 1/4 cană apă
- liniuță de nucșoară

PREGĂTIREA

1. Puneți jumătate din cartofi în aragazul lent/Crock Pot uns. Se presara cu jumatate din faina, apoi se presara usor sare si piper. Acoperiți cu jumătate de somon fulgi; stropiți cu jumătate de ceapă. Repetați straturile. Combinați supa și apa; turnați deasupra amestecului de cartofi și somon. Se presară doar cu o strop de nucșoară. Acoperiți și gătiți la foc mic timp de 7 până la 9 ore sau până când cartofii sunt fragezi.
2. Porți 6.

Creveți creoli

INGREDIENTE

- 1 1/2 cani de telina taiata cubulete

- 1 1/4 cani ceapa tocata

- 1 cană ardei gras tocat

- 1 cutie (8 oz) de sos de rosii

- 1 cutie (28 oz) de roșii întregi, rupte
- 1 catel de usturoi, tocat
- 1 lingurita sare, sau dupa gust
- 1/2 lingurita condimente creole
- 1/4 lingurita piper negru proaspat macinat
- 6 picături Tabasco, sau după gust
- 1 până la 1 1/2 kilograme de creveți, devenați și decojiți

PREGĂTIREA

1. Combinați toate ingredientele, cu excepția creveților. Gatiti 3-4 ore la maxim sau 6-8 ore la mic. Adăugați creveții în ultima oră de gătit. Serviți peste orez fierbinte. Creveții pot fi înlocuiți de pui, iepure sau languste. Versiune de plită, dacă nu ai un Crock Pot. Căleți țelina, ceapa și ardeiul gras în ulei sau unt până se înmoaie. Adăugați ingredientele rămase, cu

excepția creveților. Se fierbe cel puțin 30 de minute până la o oră. Adăugați creveții (sau pui gătit cuburi sau alte fructe de mare) și fierbeți încă 30 de minute.
2. Acesta este și mai bine reîncălzit a doua zi.

Creveți dulci și acrișori

INGREDIENTE

- 1 pachet (6 uncii) păstăi de mazăre chinezească congelate
- 1 conserve (12 până la 14 uncii) bucăți de ananas în suc
- 2 linguri amidon de porumb
- 3 linguri de zahar granulat
- 1 cană bulion de pui
- 1/2 cană suc de ananas rezervat
- 1 lingura sos de soia
- 1/2 linguriță ghimbir măcinat
- 1 pungă (12 până la 16 uncii) de creveți mici până la medii congelați, curățați și gătiți
- 2 linguri otet de cidru
- orez fierbinte

PREGĂTIREA

1. Puneți păstăile de mazăre într-o strecurătoare și treceți peste ele apă rece până se dezgheță parțial - suficient pentru a se separa cu ușurință. Scurgeți ananasul, rezervând 1/2 cană de suc. Puneți păstăile de mazăre și ananasul scurs într-un cuptor lent. Într-o cratiță mică, amestecați amidonul de porumb și zahărul; adăugați bulion de pui, sucul de ananas rezervat, sosul de soia și ghimbirul. Aduceți amestecul la fierbere, amestecând și gătiți sosul timp de aproximativ 1 minut.

2. Sosul trebuie să fie îngroșat și limpede. Amestecați ușor sosul în păstăile de mazăre și ananas. Acoperiți și gătiți la LOW timp de 3 până la 5 ore. Adăugați creveții fierți dezghețați; continuă să gătești încă 30 de minute, până când se încălzește. Adăugați oțet și amestecați ușor.
3. Serviți cu orez fierbinte.

Caserolă cu tăiței cu ton

INGREDIENTE

- 1/4 cană sherry uscat

- 2/3 cană lapte

- 2 linguri fulgi de patrunjel

- 10 uncii de mazăre și morcovi congelați, aproximativ 1 1/2 până la 2 căni

- 2 conserve de ton, scurse

- 1/4 lingurita praf de curry, sau dupa gust

- 10 uncii de tăiței cu ou, gătiți până când sunt fragezi

-

2 linguri de unt

PREGĂTIREA

1. Într-un castron mare, crema de țelină combină supa, sherry, laptele, fulgii de pătrunjel, legumele, pudra de curry și tonul. Îndoiți tăiței; se amestecă pentru a se combina bine. Se toarnă amestecul într-un aragaz lent uns cu grăsime. Se punctează cu unt. Acoperiți și gătiți la foc mic 5 până la 7 ore, până când legumele sunt gata și tăițeii sunt fragezi.

Caserolă cu tăiței cu ton #2

INGREDIENTE

- 2 conserve supa crema de telina

- 1/3 cană supă de pui

- 2/3 cană lapte

- 2 linguri de fulgi de patrunjel uscat
- 1 pachet (10 uncii) mazăre congelată, decongelată
- 2 (7 uncii fiecare) conserve de ton, scurse
- 10 uncii tăiței medii cu ou, gătiți până când sunt fragezi
- 3 linguri pesmet sau pesmet uns cu unt

PREGĂTIREA

1. Ungeți fundul și părțile laterale ale cuptorului lentă (o oală de 4 până la 5 litri). Într-un castron mare, combinați supa, bulionul de pui, laptele, pătrunjelul, legumele și tonul. Îndoiți tăițeii fierți. Turnați amestecul în aragazul lent pregătit. Acoperiți cu pesmet uns cu unt sau pesmet de cartofi. Acoperiți și gătiți la LOW timp de 5 până la 6 ore. 4 până la 6 porții.

Caserolă cu salată de ton

INGREDIENTE

- 2 conserve de ton, scurse si fulgi

- 1 cutie supa crema de telina

- 4 oua fierte tari, tocate

- 1 cană țelină tăiată cubulețe

- 1/2 cană maioneză

- 1/4 lingurita. piper

- 1 1/2 cani de chipsuri zdrobite

PREGĂTIREA
1. Ungeți aragazul lent sau pulverizați cu spray de gătit antiaderent. Combinați toate ingredientele, cu excepția a 1/4 cană de chipsuri de cartofi zdrobiți; amesteca bine. Se toarnă în aragazul lent pregătit.
2. Acoperiți cu chipsurile de cartofi rămase.
3. Acoperiți și gătiți la LOW timp de 4 până la 6 ore.

Fasole Albă și Roșii Cu Ton

INGREDIENTE

- 4 linguri ulei de masline

- 1 cățel de usturoi, zdrobit

- 1 kilogram de fasole albă mică, înmuiată peste noapte scursă

- 2 cani de rosii tocate

- 2 conserve de ton alb în apă, scurs și fulgi

- 2 crengute de busuioc, tocat marunt, sau 1 1/2 lingurita de busuioc uscat

- sare si piper, dupa gust

PREGĂTIREA

1. Se caleste usturoiul in ulei pana se rumeneste; aruncați usturoiul. Combinați uleiul cu aromă de usturoi cu fasole și 6 căni de apă (48 uncii) în crockpot. Acoperiți și gătiți la maxim 2 ore. Dati focul la mic, acoperiti si gatiti 8 ore. Adăugați ingredientele rămase; acoperiți și gătiți la foc mare timp de 30 de minute.

Will's Crockpot Cioppino

INGREDIENTE

- 1 cutie mare (28 uncii) de roșii zdrobite cu suc
- 1 cutie (8 uncii) sos de rosii
- 1/2 cană ceapă tocată
- 1 cană de vin alb sec
- 1/3 cană ulei de măsline
- 3 catei de usturoi, tocati
- 1/2 cana patrunjel, tocat
- 1 ardei verde, tocat
- 1 ardei iute (optional), tocat
- sare si piper, dupa gust
- 1 lingurita de cimbru
- 2 lingurite busuioc
- 1 lingurita oregano
- 1/2 lingurita boia
- 1/2 lingurita piper cayenne
- apă, dacă se dorește•
- Fructe de mare••
- 1 file de biban, cod sau alt alb dezosat (important) și tăiat cuburi
- 1 doză. creveți
- 1 doză. scoici

- 1 doză. midii
- 1 doză. scoici (poate folosi conserva)

PREGĂTIREA

1. Puneți toate ingredientele în aragazul lent, cu excepția fructelor de mare. Acoperiți și gătiți 6 până la 8 ore la foc mic.
2. Cu aproximativ 30 de minute înainte de servire, adăugați fructele de mare. Dați căldura la MAI MARE și amestecați din când în când (dar ușor).
3. Serviți cu pâine cu aluat adevărat dacă o găsiți. Noi, aici, în San Francisco, suntem norocoși că avem de ales dintre mai multe mărci cu gust „acrișor". Apropo, nu vă fie teamă să vă înmuiați pâinea în chioppino, deoarece este considerată o manieră perfectă în acest caz.

Notele lui Will:

•Puteți adăuga apă la rețetă pentru a subția oarecum Cioppino, dar noi îl preferăm frumos și gros.

••Folosește-ți imaginația și preferințele personale cu privire la ce fructe de mare să adaugi. Unii aleg să servească cu crab proaspăt crăpat când este sezon.

Cotlete de mere-caise

INGREDIENTE

- 2 kg file de porc sau cotlete
- 1 cană de măr tocat
- 1 cana caise uscata tocata
- 1 ceapa medie, tocata
- 2 coaste de țelină, feliate în bucăți de 1/2 inch
- 1/2 cană suc de mere
- 1/2 cană zahăr brun
- 1/4 cană sherry uscat sau vin alb sec, sau mai mult suc de mere
- sare si piper dupa gust
- 1 1/2 linguri de amidon de porumb amestecat cu 2 linguri de apa rece

PREGĂTIREA

1. Combinați toate ingredientele; acoperiți și gătiți la LOW timp de 7 până la 9 ore sau 3 1/2 până la 4 1/2 ore la HIGH. Cu aproximativ 20 până la 30 de minute înainte de servire, turnați lichidul într-un recipient separat pentru a îndepărta excesul de grăsime. Se amestecă amestecul de amidon de porumb și se pune bulionul în aragazul lent. Continuați să gătiți la foc mic până când sosul este omogen și se îngroașă.
2. 4 până la 6 porții.

Muschii de porc deliciosi cu mere

INGREDIENTE

- 2 mușchi de porc (1 1/2 până la 2 lb în total)
- 1 ceapă mare, tăiată în jumătate și tăiată în felii de 1/4 inch
- 2 mere, curatate de coaja si tocate grosier
- 2 linguri jeleu de mere
- 1 lingura otet de cidru
- sare si piper negru macinat grosier dupa gust

PREGĂTIREA

1. Combinați toate ingredientele în slow cooker/Crock Pot (carne de porc maro, dacă doriți). Acoperiți și gătiți la foc mic timp de 7 până la 9 ore. Serviți cu orez.
2. 4 până la 6 porții.

Cârnați de mere cu sos de ceapă și muștar

INGREDIENTE

- 1 1/2 până la 2 kilograme de cârnați de pui cu mere sau cârnați afumati similari

- 1 ceapă dulce medie, feliată

- 4 linguri muștar creol sau alt muștar granulat

- 4 linguri otet balsamic

- 4 linguri de zahar brun

-
3 linguri miere

PREGĂTIREA

1. Tăiați cârnații în bucăți de 1 până la 2 inci. Pune ceapa feliată în fundul unui aragaz lent; deasupra cu cârnații tăiați felii. Combinați ingredientele rămase într-o ceașcă mare sau un castron mic și turnați peste cârnați. Acoperiți și gătiți la LOW timp de 5 până la 7 ore sau la HIGH 2 1/2 până la 3 1/2 ore. Serviți cu orez sau tăiței și o legumă secundară sau tăiați în bucăți mai mici și serviți ca aperitiv. Servește 6 până la 8 ca fel principal.

Barul mătușii

INGREDIENTE

- 1 1/2 kg carne slabă de vită, tăiată în cuburi de 1 până la 2 inci
- 1 1/2 kg carne de porc, tăiată în cuburi de 1 până la 2 inci
- 2 cani de ceapa tocata
- 1/4 cană ardei verde tocat
- 1 conserve (6 oz) de pastă de tomate
- 1/2 cană zahăr brun
- 1/4 cană oțet
- 1 lingură. sare
- 2 lingurite. sos Worcestershire
- 1 lingură. mustar uscat

PREGĂTIREA

1. Combinați toate ingredientele în slow cooker. Acoperiți și gătiți la LOW timp de 9 până la 11 ore, până când sunt foarte fragede, sau la HIGH pentru 5 până la 6 ore. Se amestecă, rupând carnea și se servește cu rulouri de sandvișuri calde.
2. Porți 8.

Friptură de porc de toamnă

INGREDIENTE

- friptură de muschi de porc, 3 până la 4 kilograme
- sare si piper
- 1 cană de afine proaspete sau congelate, tocate
- 1/4 c. Miere
- 1 lingură. coaja de portocala rasa
- 1/8 linguriță. nucșoară măcinată
- 1/8 linguriță. ienibahar măcinat

PREGĂTIREA

1. Presărați friptura de porc cu sare și piper. Puneți în aragazul lent sau Crock Pot. Combinați ingredientele rămase și turnați peste friptură.
2. Acoperiți și gătiți la LOW timp de 8 până la 10 ore. Face 6 până la 8 porții.

Baby Lima Fasole Cu HamBar-BQ Porc

INGREDIENTE

- 1 kilogram de fasole de lima uscate
- 2 litri de apă pentru înmuiere
- 2 cepe medii, tocate grosier
- 1 os de șuncă cu carne plus șuncă cubulețe rămase, după dorință
- 3 până la 4 căni de apă, pentru a acoperi
- 1 linguriță amestec de condimente cajun sau creole
- 1/4 lingurita piper negru proaspat macinat
- piper piper cayenne
-

Sarat la gust

PREGĂTIREA

1. Înmuiați fasolea lima în aproximativ 2 litri de apă peste noapte.
2. Scurgeți și puneți fasolea lima în insertul de aragaz lent. Adăugați 3 până la 4 căni de apă proaspătă doar pentru a acoperi fasolea și amestecați ceapa tocată și adăugați osul de șuncă și șunca.

3. Acoperiți și gătiți la foc mare timp de 3 ore.
4. Adăugați condimentele creole și ardeii negri și cayenne. Acoperiți și gătiți la LOW timp de 4 ore sau până când sunt foarte fragezi.
5.
   Porți 8.

Carne de porc la grătar pentru sandvișuri

INGREDIENTE

- 3 kilograme de umăr de porc cuburi sau folosiți aproximativ jumătate de carne de vită înăbușită
- 1 ceapă mare, tocată
- 1 lingură. sare
- 1 lingura. pudra de chili
- 1 ardei verde tocat
- 1 cană apă
- 2 cani de sos gratar, impartite
- chifle prăjite

PREGĂTIREA

1. Pune carnea de porc într-un aragaz lent cu ceapa, sare, praf de chili, ardei gras și apă. Acoperiți și gătiți la LOW timp de 7 până la 9 ore sau până când sunt foarte fragede. Scurgeți și aruncați excesul de lichide. Tăiați sau mărunțiți carnea și întoarceți-o în oala cu 1 cană de sos de grătar.
2. Acoperiți și gătiți la LOW timp de 1 oră mai mult. Serviți pe chifle prăjite, cu sosul de grătar rămas.

Friptură de porc la grătar

INGREDIENTE

- 1 friptură de porc, umăr, fund

- 2 până la 3 linguri suc de lămâie
- 1/2 cană ceapă tocată grosier
- 1 lingurita zahar granulat
- 1 sticla de sos gratar, aproximativ 18 uncii

PREGĂTIREA

1. Gătiți friptura de porc acoperită cu apă (începeți cu apă fierbinte) în Crock Pot la minim 9 până la 11 ore, sau până când este foarte fragedă și se destramă. Se toarnă apa și se toarnă carnea; aruncați grăsimea și oasele.
2. Se caleste ceapa in putin unt.
3. Combinați sosul de grătar, ceapa, zahărul și sucul de lămâie cu carnea în Crock Pot și gătiți la foc mare timp de aproximativ 1 oră sau la foc mic timp de aproximativ 2 ore.
4. Serviți carnea de porc mărunțită pe chifle.
5. Se serveste de la 8 la 10, in functie de marimea umarului.

Coaste la grătar în stil rustic

INGREDIENTE

- 3 kilograme de coaste de porc dezosate în stil rustic
- 2 mere mari de tartă, decojite, fără miez, mărunțite sau feliate subțiri
- 1 ceapă mare, tăiată în jumătate și feliată subțire
- 1/4 lingurita scortisoara
- Puțin 1/4 linguriță ienibahar
- sare si piper
-
1 cană sos grătar

PREGĂTIREA

1. Într-un aragaz lent, combinați coastele, merele, ceapa, scorțișoara și ienibaharul. Se presară cu sare și piper.
2. Acoperiți și gătiți la LOW timp de 7 până la 9 ore. Scurgeți și aruncați sucurile. Adăugați sos de grătar și continuați să gătiți aproximativ 30 de minute.
3. 4 până la 6 porții.

BBQ Boston Butt

INGREDIENTE

- umăr de porc sau fund de Boston, aproximativ 4 până la 7 kilograme, cu os sau dezosat

- 1/4 cană de apă

- sare si pipereaza usor

- sos pentru grătar

PREGĂTIREA

1. Pune carnea în aragazul lent cu apă, sare și piper.
2. Acoperiți și gătiți la foc mare timp de 1 oră. Rotiți la LOW și gătiți încă 7 până la 9 ore, până când sunt foarte fragede. Scoateți friptura și aruncați grăsimea și sucurile. Tăiați sau mărunțiți carnea de porc; se întoarce la aragazul lent. Amesteca putin sos gratar in carne pentru aroma. Acoperiți și gătiți la LOW timp de aproximativ 1 oră mai mult, până se fierbinte.
3. Se servesc pe chifle calde de sandviș, cu salată de varză și sos de grătar suplimentar.

Fasole și Hot Dogs

INGREDIENTE

- 3 conserve (16 uncii fiecare) carne de porc și fasole
- 1 kilogram de hot dog, tăiați în bucăți de 1 inch
- 1/2 cană de ketchup
- 1 ceapa mica, tocata
- 1/4 cană melasă
- 1 lingura de mustar preparat

PREGĂTIREA

1. În crockpot, combinați fasole, hot dog, ketchup, ceapă, melasă și muștar.
2. Acoperiți și gătiți la LOW timp de 6 până la 8 ore.
3. Porți 6.

Bigos

INGREDIENTE

- 1 cutie supa crema condensata de telina, nediluata
- 1/3 cană zahăr brun deschis, ambalat
- 1 cutie sau pungă (24 până la 32 uncii) varză murată, scursă și clătită
- 1 1/2 lire cârnați polonezi, tăiați în bucăți de 2 inci
- 4 cartofi medii, decojiti si taiati cubulete
- 1 cană ceapă tocată
- 1 cană brânză Cheddar blândă sau Jack mărunțită

PREGĂTIREA

1. În crockpot, combinați supa, zahărul și varza murată. Se amestecă cârnații, cartofii și ceapa. Acoperiți și gătiți la LOW timp de 8 ore. Îndepărtați excesul de grăsime; se amestecă cu brânză. Puneți cu lingură în boluri de servire și acoperiți cu brânză mărunțită.
2. Porți 6.

Cotlete de porc Blackbird's

INGREDIENTE

- 6 până la 8 cotlete de porc

- 1/2 cană făină

- 1 lingura sare

- 1 1/2 linguriță muștar uscat

- 1/2 linguriță pudră de usturoi

- 2 linguri ulei

- 1 cutie Supă de pui și orez

PREGĂTIREA

1. Se amestecă făina, sarea, muștarul, pudra de usturoi. Dragați cotletele și rumeniți în ulei pe plită. Cand s-a rumenit, punem in coca si acoperiti cu supa. Acoperiți și gătiți timp de 6 până la 8 ore MINUS sau aproximativ 3 1/2 ore la MARE.
2. Rețetă de cotlet de porc distribuită pe forumul nostru de Blackbird.

Crockpot Black Eyed Peas și șuncă

INGREDIENTE

- 1 kilogram de mazăre neagră congelată
- 1 cană bulion de pui
- 2 coaste de telina, feliate subtiri
- 4 catei de usturoi, tocati
- 1 legătură (6 până la 8) ceapă verde, tăiată subțire
- 6 uncii sunca taiata cubulete
- 1/8 lingurita piper negru macinat grosier
-

1/2 lingurita condimente creole

PREGĂTIREA

1. Combinați toate ingredientele în slow cooker. Acoperiți și gătiți la LOW timp de 6 până la 8 ore.
2. Porți 6.

Cotlete de porc înăbușite

INGREDIENTE

- 6 până la 8 cotlete slabe de porc

- 1/3 c. făină

- 1 lingura sare

- 1 lingura muștar uscat

- 1 lingura ulei

- 1 ceapa medie, tocata

- 1 catel mare de usturoi tocat (optional)

- 1 conserve supa crema de pui

PREGĂTIREA

1. Ungeți cotletele cu un amestec de făină, sare, muștar și sare de usturoi. Se rumenesc pe ambele părți în ulei încins într-o tigaie cu ceapa tocată. Adăugați usturoiul pentru ultimul minut. Deglazează tigaia cu puțină apă, vin sau bulion. Puneți cotletele în slow cooker și adăugați supa și picuraturile din tigaie. Acoperiți și gătiți la foc mic 6 până la 8 ore sau la maxim 3 până la 4 ore.
2. Serve de la 6 la 8.

Muschiță de porc înăbușită

INGREDIENTE

- 3 până la 4 lire friptură de porc dezosată, tăiată

- 4 catei de usturoi, feliati

- sare si piper

- 1/2 linguriță fiecare salvie și cimbru sau 1 linguriță condiment pentru păsări

- 1 cană bulion de pui

- 1/4 cană vin alb uscat sau bulion de pui

-
1/4 cană făină

PREGĂTIREA

1. Rumeniți friptura de porc pe toate părțile într-o tigaie mare pentru a îndepărta excesul de grăsime. Faceți tăieturi în friptură cu un cuțit mic și introduceți felii de usturoi; puneți

într-un cuptor lent și asezonați cu sare, piper și salvie și cimbru sau condimente pentru carne de pasăre. Adăugați bulion și vin, dacă este folosit.
2. Acoperiți și gătiți la LOW timp de 8 până la 10 ore. Îndepărtați friptura și degresați excesul de grăsime din sucuri; combinați făina cu aproximativ 3 linguri de apă rece și amestecați până la omogenizare.
3. Puneți aragazul lent la mare și amestecați amestecul de făină. Gatiti si amestecati pana se ingroasa (acest lucru se poate face mai repede pe plita).
4. Serviți sosul peste carne de porc, cu orez sau cartofi.
5. Servește aproximativ 8.

Mușchiă de porc cu zahăr brun
INGREDIENTE

- 1 friptură de porc dezosată, de 4 până la 6 lire
- 1 cățel de usturoi, tăiat la jumătate
- sare si piper negru proaspat macinat
- 1 1/3 cani de zahar brun, impartit
- 1 lingura de mustar de Dijon sau un mustar granulat
- 1 lingura otet balsamic
- 1/4 lingurita scortisoara

PREGĂTIREA

1. Dacă carnea de porc are un strat excesiv de grăsime, tăiați-o puțin. Puțină grăsime va menține friptura suculentă pe perioada lungă de gătit.

2. Ungeți friptura peste tot cu jumătățile de usturoi, apoi stropiți cu sare și piper, apoi înțepați friptura peste tot cu o furculiță sau o frigărui.
3. Într-o ceașcă sau un castron, combinați 1 cană de zahăr brun, muștar și oțet. Frecați peste tot friptura.
4. Acoperiți și gătiți la LOW timp de 7 până la 9 ore sau până când se înmoaie, dar nu se destramă.
5. Se toarnă excesul de suc.
6. Combinați restul de 1/3 cană de zahăr brun cu scorțișoară; Întindeți amestecul peste partea de sus a fripturii. Acoperiți și continuați să gătiți la LOW timp de 1 oră mai mult.
7. Serve de la 6 la 8.

Cotlete de fluture și cartofi

INGREDIENTE

- 6 sau mai mulți cartofi roșii medii, feliați gros
- 1 ceapă mare, tăiată în sferturi și feliate groase
- 4 până la 6 cotlete de porc dezosate, cu fluturi
- 1 pachet amestec de dressing italian Zesty (0,6 oz)
- sare si piper dupa gust

PREGĂTIREA

1. Amestecați cartofii și ceapa cu sare și piper; deasupra cu cotlete de porc. Presărați cotletele cu amestecul de dressing. Acoperiți și gătiți la foc mic timp de 7 până la 9 ore. (O oală de 4 1/2 litri sau mai mare va fi necesară pentru un număr mai mare de cotlete și cartofi.)
2. 4 până la 6 porții.

Varză și Bratwurst

INGREDIENTE

- Cârnați bratwurst cu 5 până la 6 legături

- 1 varză medie, mărunțită grosier

- 1 ceapă mare

- 1/2 cană sos cremos de miere-muștar

- 1/4 cană sos de mere sau cidru de mere

- 1 până la 2 lingurițe de semințe de chimen

- 1/2 linguriță de semințe de țelină

- sare si piper dupa gust

PREGĂTIREA

1. Rumeniți cârnații și tăiați în bucăți mici. Scurgeți bine.
2. Combinați cârnații rumeniți cu varza și ceapa în Crock Pot.
3. Adăugați ingredientele rămase; acoperiți și gătiți la foc mic timp de 8 până la 10 ore.
4. Porti 4.

Cassoulet cu carne de porc și fasole

INGREDIENTE

- 1 kilogram de fasole marine gătită

- 1 frunză de dafin

- 2 catei de usturoi

- 1/2 linguriță de cimbru

- 1/2 linguriță de salvie
- 1 kg de carne de porc slabă, cubulețe (cotlete, cotlet etc.)
- 1 kilogram de cârnați italieni dulci sau fierbinți
- 1 cană bulion de pui
- Sare si piper

PREGĂTIREA

1. Așezați fasolea în vas cu dafin, salvie, cimbru, usturoi și condimente. Prăjiți carnea de porc și cârnații într-o tigaie până se rumenesc; felii cârnați. Adăugați la fasole. Adăugați

bulion de pui și gătiți la LOW timp de 7 până la 8 ore. Dacă doriți, acoperiți cu pesmet de pâine uns cu unt și prăjiți până se rumenește.

Catalina Ribs
INGREDIENTE

- 1 1/2 până la 2 kilograme de coaste de porc dezosate în stil rustic

- 1 sticlă (8 oz) pansament Catalina

- 1 cană ceapă tocată

-
2 catei de usturoi medii, tocati

PREGĂTIREA
1. Combinați toate ingredientele în slow cooker/Crock Pot; acoperiți și gătiți la foc mic timp de 7 până la 9 ore.
2. 4 până la 6 porții.

Chalupas

INGREDIENTE

- 3 până la 4 kilograme friptură de porc dezosată, tăiată
- 2 catei de usturoi, tocati
- 2 linguri praf de chili
- 1 lingura chimen macinat
- 1 lingurita oregano
- 1 cutie ardei iute verde, tocat
- 2 lingurite sare, sau dupa gust
- 2 conserve (15 uncii fiecare) de fasole pinto, clătite și scurse
- •••••
- Toppinguri sugerate
- Cașcaval ras
- Ceapa tocata
- Roșii
- Salată verde
- Smântână
- chipsuri tortilla zdrobite

PREGĂTIREA

1. Puneți primele 7 ingrediente în aragazul lent, împreună cu 1/2 cană de apă. Gatiti 8 pana la 10 ore. Adăugați fasolea cu 1 oră înainte de a fi gata. Acoperiți cu toppingurile dorite și serviți cu tortilla calde.

Cotlete de porc cu cireșe în oală

INGREDIENTE

- 6 cotlete de porc, tăiate cu grosimea de 3/4 inci

- Sare

- Piper

- 1 cutie (21 oz) umplutură de plăcintă cu cireșe

- 2 lingurite. suc de lămâie

- 1/2 linguriță. granule instant de bulion de pui

- 1/8 linguriță. buzdugan macinat sau nucsoara

PREGĂTIREA

1. Rumeniți rapid cotletele de porc în puțină grăsime într-o tigaie grea. Se presară cu sare și piper. În aragazul lent amestecați jumătate din cutia de umplutură de plăcintă cu cireșe, sucul de lămâie, buzdugan și granulele de bulion. Amesteca bine. Puneți cotletele de porc deasupra amestecului. Acoperiți și gătiți la LOW timp de 6 până la 7 ore. Încălziți cealaltă jumătate de umplutură de plăcintă cu cireșe și treceți în vas cu sos când serviți cotletele.
2. Porți 6.

Friptură de porc glazurată cu cireșe

INGREDIENTE

- 1 friptură de muschie de porc, dezosată, aproximativ 3 lire

- 1 conserve (10 1/2 uncii) bulion de pui condensat
- 1 legătură de ceapă verde, cu verde, feliată în lungimi de 1 inch
- 3 linguri otet de vin
- 1 lingurita rozmarin uscat
- 1/4 linguriță piper condimentat (sau folosiți piper negru obișnuit măcinat)
- 1 cană gem de cireșe, sau folosiți conserve de caise sau ananas
- picatura sau 2 de colorant alimentar rosu, optional

PREGĂTIREA

1. Tăiați friptura de porc și puneți-o într-un cuptor lent. Amestecați toate ingredientele, cu excepția gemului sau a conservelor și a colorantului alimentar, într-un castron mic. Se toarnă peste friptură. Acoperiți și gătiți la foc mic timp de 8 până la 10 ore. Chiar înainte de servire, întoarceți aragazul lent la MARE.
2. Scoateți friptura pe un platou de servire cald. Amestecați dulceața de cireșe cu sucuri în slow cooker și puțin colorant alimentar roșu, dacă doriți; se încălzește la temperatura de servire. Se pune peste carnea de porc feliată.
3. Porți 8.

Cotlete de pui prăjite

INGREDIENTE

- 1/2 cană făină universală

- 1 1/2 linguriță sare

- 1 lingurita mustar uscat

- 1/2 lingurita boia

- 1/2 lingurita praf de usturoi

- 6 cotlete de porc (aproximativ 3/4 inch grosime) tăiate

- 2 linguri ulei de canola

- 1 cutie (10 3/4 uncii) cremă condensată de supă de pui, nediluată

- 1/4 cană apă

PREGĂTIREA

1. Într-un bol puțin adânc sau într-o pungă de depozitare a alimentelor, combinați făina, sarea, muștarul, boia de ardei

și pudra de usturoi; dragați sau aruncați cotletele de porc pentru a se îmbrăca bine cu amestecul de făină asezonat. Într-o tigaie la foc mediu, rumeniți cotletele pe ambele părți în ulei. Puneți cotletele de porc în aragazul lent. Combinați supa și apa; se toarnă peste cotlete. Acoperiți și gătiți la foc mic timp de 6 până la 8 ore sau până când carnea este fragedă. Dacă doriți, îngroșați sucurile și serviți cu cotlete de porc.
2. Face 6 portii.

Pui, cârnați și chili cu fasole albă

INGREDIENTE

- 2 linguri ulei de măsline extravirgin

- 2 jumătăți de piept de pui dezosate, tăiate cubulețe

- 12 până la 16 uncii cârnați de pui, cum ar fi cârnați de pui cu mere sau pui, alt cârnați de pui afumat sau de curcan

- 1 cană ceapă tocată

- 4 catei de usturoi, tocati

- 2 conserve (aproximativ 16 uncii fiecare) Great Northern Fasole, scurse și clătite

- 1 1/2 cani salsa tomatillo

- 1 cană bulion de pui

- 1 conserve (14,5 uncii) de roșii tăiate cubulețe cu suc, prăjite la foc, stil chili sau simplă

- 1 cană boabe de porumb congelate

- 2 linguri de ardei jalapeno tocați mărunt, sau ardei iute

- 1 1/2 linguriță de chimen măcinat

- 1/2 lingurita sare

- 1/4 lingurita piper negru macinat

-
Tasă de piper cayenne, opțional

PREGĂTIREA

1. Într-o tigaie mare, încălziți ulei de măsline la foc mediu. Adăugați ceapa, puiul tăiat cubulețe și cârnații tăiați felii; căliți până când ceapa este fragedă și puiul este gătit.
2. Pune fasolea scursă într-un aragaz lent de 4 până la 6 litri; adăugați amestecul de tigaie și toate ingredientele rămase, cu excepția coriandru.
3. Acoperiți și gătiți la foc mare timp de 3 până la 4 ore sau la foc mic timp de 6 până la 8 ore.
4. Stropiți cu coriandru chiar înainte de servire.
5.
    Porți 6.

Chili Dogs

INGREDIENTE

- 1 kilogram hot dog

- 1 ceapa mare, tocata marunt

- 2 conserve de chili cu fasole (15 oz fiecare)

- 1 lingurita pudra de chili

- 4 uncii de brânză Cheddar mărunțită

- rulouri de hot dog

PREGĂTIREA

1. Combinați hot-dogs, ceapa tocată, chili și pudra de chili în aragazul lent; amesteca bine.
2. Acoperiți și gătiți la foc mic timp de 6 până la 9 ore sau la maxim 3 până la 4 ore. Peste hot-dogii în rulouri se pune sos cu lingură și se adaugă fiecare cu puțină brânză mărunțită.
3. Serve de la 6 la 8.

Coaste de țară în stil chinezesc
INGREDIENTE

- 1/4 cană sos de soia

- 1/4 cană marmeladă de portocale

- 1 lingura ketchup

- 1 cățel mare de usturoi, zdrobit

- 2 până la 3 kilograme de coaste de porc dezosate în stil rustic

PREGĂTIREA
1. Combinați sosul de soia, marmeladă, ketchup și usturoi.
2. Periați pe ambele părți ale coastelor. Puneți într-un aragaz lent sau crockpot și turnați sosul rămas peste tot.
3. Acoperiți și gătiți la foc mic timp de 8 până la 10 ore.
4. Serve de la 6 la 8.

Cina crock pot chinezească

INGREDIENTE

- 1 1/2 kg friptură de porc sau muschie, tăiată în fâșii de 1/2 inch
- 1 lg. ceapa, feliata
- 1 mp. ardei verde, feliat
- 8 oz. ciuperci proaspete feliate
- 1 conserve (8 oz.) sos de rosii
- 4 morcovi, feliați
- 3 linguri. zahar brun
- 1 1/2 lingura. oțet
- 1 1/2 linguriță. sare
- 2 lingurite. sos Worcestershire

PREGĂTIREA

1. Rumeniți fâșii de porc în cantitate mică de ulei într-o tigaie. Îndepărtați excesul de grăsime. Puneți toate ingredientele cu carne de porc în crockpot și gătiți la foc mic timp de 6 până la 8 ore.
2. Serviți cu orez fierbinte.

Friptură de porc chinezească

INGREDIENTE

- 1 friptură de umăr de porc, aproximativ 4 kilograme
- 1 lingurita sare
- 2 lingurițe pudră de curry
- 2 linguri ulei vegetal
- 1 conserve (10 3/4 uncie) supă cremă condensată de ciuperci sau supă cremă de țelină
- 1/4 cană apă rece
- 2 linguri de făină universală
- 16 uncii de legume mixte chinezești congelate, gătite până devin crocante
- 2 căni de orez fierbinte

PREGĂTIREA

1. Tăiați excesul de grăsime din friptură; tăiați pentru a se potrivi în aragazul de vesela, dacă este necesar. Se amestecă sarea și 1/2 linguriță de pudră de curry; frecați în friptură. Rumeniți friptura pe toate părțile în ulei încins. Pune friptura pe un gratar sau pe o bucată de folie mototolită în crockpot. Combinați supa de ciuperci și restul de 1 1/2

linguriță de pudră de curry; se toarnă peste friptura de porc. Acoperiți și gătiți la setarea LOW timp de 8 până la 10 ore. Scoateți friptura pe un platou de servire și păstrați-l la cald.
2. Turnați sucurile într-o cratiță; îndepărtați excesul de grăsime. Aduceți sucurile la fierbere pe plită; se fierbe timp de 15 minute. Amesteca apa rece incet in faina, amestecand pana se omogenizeaza; se amestecă în sucuri. Gatiti si amestecati pana se ingroasa; serviți cu legume fierte fierte, orez fiert fiert și friptură de porc.
3. Face 8 portii.

Chopping John

INGREDIENTE

- 2 conserve (15 oz) de mazăre cu ochi negri, scurse
- 4 cotlete de porc afumate
- 1 coastă de țelină
- 1 ardei gras verde, tocat, sau folosiți jumătate verde și jumătate roșu
- 1 ceapă mare, tocată
- 2 catei de usturoi, tocati
- 1 lingurita sos Worcestershire
- 3 linguri de zahar brun
- 2 linguri de ketchup
- 1 ardei jalapeno, tocat, sau după gust (opțional)
- sare si piper dupa gust

PREGĂTIREA

1. Combinați toate ingredientele în slow cooker/Crock Pot. Acoperiți și gătiți la foc mic timp de 6 până la 8 ore. Serviți peste orez cu pâine de porumb!
2. Rețeta Hoppin' John servește 4.

Muschiă de porc Chutney

INGREDIENTE

- 1 friptură de porc dezosată, aproximativ 3 până la 4 kilograme
- 1 ceapă dulce mare, feliată
- Sare si piper
- 1/2 lingurita praf de usturoi sau 1 catel mic de usturoi, tocat marunt
- 1 borcan (12 uncii) chutney de mango sau piersici
- 2 linguri de zahar brun
- 1 lingură muştar granulat
- 1/2 lingurita ghimbir macinat
- 1 lingurita praf de curry

PREGĂTIREA

1. Se spală friptura şi se usucă; tăiaţi excesul de grăsime.
2. Pune ceapa feliată în fundul unui aragaz lent de 5 până la 7 litri. Saraţi şi piperaţi uşor friptura, apoi frecaţi cu pudra de usturoi sau usturoi proaspăt tocat. Pune friptura în aragazul lent. Combinaţi ingredientele rămase şi turnaţi peste friptură. Se acoperă şi se găteşte la MAXIMUM timp de 1 oră, apoi se reduce la LOW şi se găteşte timp de 6 până la 8 ore

mai mult, sau se continuă gătirea la HIGH pentru 3 până la 4 ore.
3. Friptura trebuie să înregistreze cel puțin 160° pe un termometru cu citire instantanee sau pe un termometru pentru carne introdus în centrul fripturii.
4. Scoateți friptura din oală și păstrați-l la cald; turnați sucurile într-o cratiță medie. Fierbeți sucurile timp de aproximativ 5 până la 8 minute pentru a le reduce cu aproximativ o treime. Combina 1 lingura de amidon de porumb cu 1 lingura de apa rece, amestecand pana se omogenizeaza. Amestecați amestecul de amidon de porumb în sucuri și continuați să gătiți aproximativ 1 minut, până se îngroașă.
5. Serve de la 6 la 8.

Friptură de porc cu cidru

INGREDIENTE

- 2 cepe medii, tăiate în jumătate și feliate
- 1 friptură de umăr de porc dezosat sau mușchiu, aproximativ 3 1/2 până la 4 1/2 livre
- 4 până la 6 morcovi, tăiați în bucăți de 1 inch
- 2 catei de usturoi, tocati
- 1/2 lingurita sare
- 1/8 lingurita piper
- 1/2 lingurita ienibahar
- 1 lingurita pudra de chili
- 1 lingurita frunze uscate de maghiran sau cimbru
- 2 căni de suc natural de mere sau cidru
- 2 linguri otet de cidru

PREGĂTIREA

1. Aranjați ceapa în fundul aragazului lent.
2. Lăsați plasa pe friptura de porc și puneți-l în aragazul lent.
3. Aranjați morcovii în jurul fripturii; stropiți friptura cu usturoi, sare, piper, ienibahar, pudră de chili și maghiran sau cimbru. Combinați sucul și oțetul și turnați peste friptură.

4. Acoperiți și gătiți la foc mare timp de 1 oră. Reduceți căldura la LOW și gătiți timp de 6 până la 8 ore mai mult, sau lăsați-l pe MARE pentru 3 până la 4 ore mai mult.
5. Turnați sucurile într-o cratiță și aduceți la fierbere pe plită. Reduceți la mediu și continuați să fierbeți timp de 5 minute.
6. Se amestecă făina și apa rece până se omogenizează; se amestecă în sucurile fierbinți. Continuați să gătiți și să amestecați până se îngroașă. Serviți cu carnea de porc.
7. Serve de la 6 la 8.

Cidru-Șuncă dulce

INGREDIENTE

- 1 șuncă complet fiartă, aproximativ 3 kilograme

- 4 căni (32 uncii) de cidru de mere sau suc de mere

- 2 lingurițe de muștar uscat

- 1 cană de zahăr brun, bine ambalat

- 1/2 lingurita cuisoare macinate

- 1/4 linguriță ienibahar

- liniuță de nucșoară

- 2 cani de stafide aurii

PREGĂTIREA

1. Puneți șuncă cu suficient cidru pentru a o acoperi în aragazul lent/Crock Pot și gătiți la foc mic timp de 10 până la 12 ore.

Confetti Mac 'n Cheese cu șuncă

INGREDIENTE

- 1 felie de șuncă tăiată în centru, de aproximativ 12 până la 16 uncii, tăiată cubulețe

- 1 coastă de țelină, tocată

- 1 lingură ceapă tocată uscată, sau folosiți ceapă proaspătă tocată

- 2 lingurite patrunjel uscat

- 1 linguriță sămânță de țelină

- 1 pachet (8 uncii) Kraft® Classic Melts Cheddar-brânză americană mărunțită sau o brânză procesată americană

- 1 conserve (10 3/4 oz) supă cremă condensată de țelină, nediluată

- 1 cutie de rosii taiate cuburi cu suc

- 1 cană amestec de legume congelate (mazăre, morcovi, fasole verde), decongelate

- piper negru după gust

- 5 până la 6 căni de macaroane fierbinți, fierte

PREGĂTIREA

1. Combinați toate ingredientele, cu excepția legumelor amestecate și a macaroanelor, în aragazul lent sau crockpot. Acoperiți și gătiți la foc mic timp de 6 până la 7 ore. Adăugați legumele cu aproximativ 1 oră înainte de servire (sau puneți-le la microunde și adăugați-le chiar înainte de servire). Gatiti macaroanele pana sunt fragede; scurgere. Turnați amestecul de crockpot într-un castron mare de servire. Amestecați macaroanele (puțin mai puțin decât cantitatea completă dacă vă place foarte picant).

2. Rețeta de macaroane cu brânză Crockpot servește 4 până la 6.

Crockpot de porumb și șuncă

INGREDIENTE

- 3 căni de porumb sâmbure întreg congelat, decongelat

- 1 1/2 cani de sunca slaba taiata cubulete

- 1/2 cana ceapa tocata marunt

- 1/4 cană ceapă verde tocată

- 1/2 cană ardei gras verde sau ardei gras roșu tocat sau combinație

- 1 cutie (10 3/4 uncii) supă cremă condensată de ciuperci

- 1/8 lingurita piper negru macinat

- 3/4 cană brânză Cheddar mărunțită

PREGĂTIREA

1. Pulverizați căptușeala crockpot cu spray de gătit sau frecați ușor cu ulei. În crockpot, combinați porumbul, șunca, ceapa și ceapa verde, ardeiul verde, supa de ciuperci și ardeiul. Se amestecă brânză Cheddar. Acoperiți și gătiți la LOW timp de 4 1/2 până la 6 ore.
2. 4 până la 6 porții.

Porumb, șuncă și scoici de cartofi

INGREDIENTE

- 6 căni de cartofi decojiți pentru copt, tăiați în cuburi de 1 inch

- 1 1/2 cani cubulete de sunca fiarta, carne de vita sau alte resturi de carne sau pasare

- 1 până la 1 1/2 cană de porumb cu sâmburi întregi, din conserve sau congelat dezghețat

- 1/4 cana ardei gras verde tocat marunt

- 1/4 cana ceapa tocata marunt

- 1 conserve (10 3/4 uncii) supă de brânză Cheddar condensată

- 1/2 cană lapte

- 2 linguri de făină universală

PREGĂTIREA

1. În aragazul lent, combinați cartofii tăiați felii, șunca, porumb, ardeiul gras și ceapa; se amestecă pentru a se amesteca bine.
2. Într-un castron mic, combinați supa, laptele și făina; se bate până se omogenizează. Turnați amestecul de supă peste amestecul de legume; se amestecă cu grijă pentru a se amesteca.
3. Acoperiți și gătiți la LOW timp de 7 până la 9 ore sau până când cartofii sunt fragezi.

Cotlete de porc umplute cu porumb

INGREDIENTE

- 6 cotlete groase de porc, de 1 până la 2 inci grosime

- 3/4 cană boabe de porumb congelate dezghețate sau folosiți conserve, scurse

- 1 cană pesmet moale

- 1 lingurita ceapa, tocata

- 2 linguri ardei gras verde, tocat

- 1 lingurita sare
- 1/2 lingurita frunze de salvie uscata maruntita

PREGĂTIREA

1. Cu un cuțit ascuțit tăiați o fantă orizontală în lateralul fiecărui cotlet formând un buzunar pentru umplut. Amestecați porumb nescurcat, pesmet, ceapa, piper, sare și salvie. Turnați amestecul de porumb în fante. Asigurați cu scobitori sau frigarui mici. Puneți pe un suport metalic sau un trivet în crockpot. Sau, mototolește o bucată de folie de aluminiu pentru a forma un suport improvizat. Acoperiți și gătiți la LOW timp de 6 până la 8 ore, până când carnea de porc este fragedă.
2. Face 4 până la 6 porții.

Carne de porc de tara cu ciuperci

INGREDIENTE

- 2 kg de coaste rustice, dezosate
- 1 cutie supa crema de ciuperci
- 4 uncii ciuperci feliate
- 1/4 lingurita sare
- 1 plic amestec de sos de ciuperci

- 1/8 lingurita piper

- 1/2 lingurita boia dulce

- 2 linguri de apă rece amestecată cu 1 lingură grămadă de făină universală

PREGĂTIREA

1. Combinați coaste dezosate, supa, ciupercile, sare, piper, sos și boia de ardei în oală. Acoperiți și gătiți la setarea LOW timp de 7 până la 9 ore. Amestecați amestecul de făină în bulion și gătiți la foc MARE încă 15 minute sau până se îngroașă. Serviți coaste rustice cu piure de cartofi și porumb.
2. Rețeta de coaste în stil rustic servește 6.

Coaste și varză murată în stil rustic

INGREDIENTE

- 1 pungă de varză murată, clătită și scursă
- 1 ceapă
- 1 măr cu coajă roșie
- 2 până la 3 kilograme de coaste de porc în stil rustic
- 1 cană de bere

PREGĂTIREA

1. Pune varza murata in fundul aragazului/Crock Pot. Adăugați ceapa tăiată cubulețe și mărul tocat. Nu este nevoie să curățați mărul. Se amestecă și chiar deasupra. Peste amestecul de kraut puneți coaste de țară. Turnați berea peste toate. Acoperiți și gătiți la foc mic de la 8 până la 10 ore.
2. 4 până la 6 porții.

Carne de porc de tara cu ciuperci

INGREDIENTE

- 2 kg de coaste rustice, dezosate

- 1 cutie supa crema de ciuperci

- 4 uncii ciuperci feliate

- 1/4 lingurita sare

- 1 plic amestec de sos de ciuperci

- 1/8 lingurita piper

- 1/2 lingurita boia dulce

- 2 linguri de apă rece amestecată cu 1 lingură grămadă de făină universală

PREGĂTIREA

1. Combinați coaste dezosate, supa, ciupercile, sare, piper, sos și boia de ardei în oală. Acoperiți și gătiți la setarea LOW timp de 7 până la 9 ore. Amestecați amestecul de făină în bulion și gătiți la foc MARE încă 15 minute sau până se îngroașă. Serviți coaste rustice cu piure de cartofi și porumb.
2. Rețeta de coaste în stil rustic servește 6.

Coaste de porc Merisoare-Mere

INGREDIENTE

- 2 căni de afine (8 uncii)

- 1/3 cană sirop de artar

- 1/3 cană zahăr brun la pachet

- 1/2 cană apă

- 1 măr Granny Smith, tăiat cubulețe, aproximativ 1 cană

- 1 lingurita mustar de Dijon

- 1/4 lingurita scortisoara

- 1/4 lingurita buzdugan sau nucsoara

- 3 până la 4 kilograme de coaste rustice dezosate

- 1 pungă (16 uncii) ceapă albă mică congelată sau 1 ceapă mare, feliată

- 1 lingură amidon de porumb amestecat cu 1 până la 2 linguri apă rece, opțional•

PREGĂTIREA

1. Într-o cratiță, combinați merisoarele, siropul, zahărul brun, apa și mărul; aduce la fierbere. Reduceți focul la mediu-mic și fierbeți timp de 5 minute. Adăugați muștar, scorțișoară și măciucă sau nucșoară.
2. Așezați cepele în partea de jos a vesei a unui aragaz lent de 5 până la 7 litri. Puneți coaste de porc peste ceapă apoi puneți sosul de merișoare uniform peste tot. Acoperiți și gătiți la LOW timp de 7 până la 9 ore, până când carnea de porc este fragedă.

3. Serve de la 6 la 8.

Friptură de porc Cran-Mere

INGREDIENTE

- 1 (3 până la 4 lb) friptură de porc dezosată
- 2 catei de usturoi, tocati
- 1 cutie de sos de afine întreg
- 1/4 c zahăr brun
- 1/2 c suc de mere
- 2 mere, fără miez, decojite și tocate grosier
- sare si piper dupa gust

PREGĂTIREA

1. Pune friptura în aragazul lent; frecați peste tot cu usturoiul tocat. Adăugați ingredientele rămase și gătiți la foc mic timp de 7 până la 9 ore. Carnea de porc ar trebui să fie de aproximativ 160 ° când este complet gătită. Serviți cu orez.
2. 4 până la 6 porții.

Friptură de porc afine

INGREDIENTE

-
- 1 friptură de porc rulată fără os
- 1 cutie (16 oz.) sos de afine cu fructe de padure întregi
- 1/2 cană zahăr granulat
- 1/4 cană suc de afine
- 1 lingurita mustar uscat
- 1/4 lingurita cuisoare macinate
- 2 linguri amidon de porumb
- 2 linguri apa rece
- sare

PREGĂTIREA

1. Puneți friptura de muschi de porc în aragazul lent. Într-un castron mediu, piurează sosul de afine; se amestecă zahărul, sucul de afine, muștarul și cuișoarele. Se toarnă peste friptură. Acoperiți oala și gătiți la foc mic timp de 6 până la 8 ore sau până când friptura de porc este fragedă. Carnea de porc ar trebui să înregistreze aproximativ 155 până la 160 ° când este gata. Scoateți friptura de porc și păstrați-l la cald.
2. Grasimi degresate din sucuri; măsurați 2 căni -- adăugați apă dacă este necesar -- și turnați într-o cratiță.
3. Se aduce la fierbere la foc mediu mare.
4. Combina amidonul de porumb si apa rece pana se omogenizeaza; se amestecă în sos. Continuați să gătiți, amestecând, până se îngroașă. Se condimentează cu sare și se servește cu friptură de porc feliată.

Această carne de porc este delicioasă cu orez sau se servește cu umplutură condimentată și cartofi.

Sunca cremoasa si broccoli

INGREDIENTE

- 1/2 cană. ceapa maruntita
- 3 cani de sunca tocata, sau folositi pui sau curcan tocat fiert
- 16 oz. broccoli tăiat congelat, dezghețat
- 1 cutie supa crema de ciuperci condensata
- 1 borcan (8 oz) de brânză procesată pasteurizată tartinat
- 1 conserve (8 oz.) castane de apă feliate, scurse
- 1 cană. orez convertit nefiert
- 1/2 cană apă
- 1/2 cană lapte
- 1/2 cană. telina tocata
- 1/2 linguriță. piper
- boia de ardei (optional)

PREGĂTIREA

1. În slow cooker, combinați șunca, broccoli, supa, brânză tartinată, castane de apă, orez, lapte, țelină, ceapă și ardei. Se amestecă până se omogenizează. Blatul neted, împingând orezul în amestec. Acoperiți și gătiți la foc mare timp de 2 - 2 1/2 ore sau la foc mic timp de 4-5 ore sau până când orezul și ceapa sunt fragede, amestecând din când în când, dacă este posibil. Verificați aproape de sfârșitul timpului de gătire pentru a vă asigura că orezul nu devine prea moale.

Carne de porc cremoasă

INGREDIENTE

- 1/2 cană ceapă tocată
- 3 căței de usturoi, tocați, sau 3/4 linguriță de usturoi pudră
- 2 mere Granny Smith, decojite, fără miez și feliate
- 2 lingurite de zahar
- 1/2 lingurita frunze de salvie uscata, maruntita
- 1/4 lingurita nucsoara macinata
- 1/8 lingurita piper
- 2 până la 3 lire sterline de porc dezosate, tăiată și tăiată în cuburi de 1 inch
- 1/4 cană făină universală
- 1/2 cană vin alb sec
- 1 lingura plus 2 lingurite amidon de porumb
- 1/3 cana smantana pentru frisca
-
Sarat la gust

PREGĂTIREA

1. În aragazul lent, combinați ceapa tocată, usturoiul, merele, zahărul, salvia și ardeiul. Ungeți cuburile de porc cu făină și adăugați-le în aragazul lent. Se toarnă vin. Acoperiți și gătiți la LOW timp de 7 până la 9 ore. Într-un castron mic, amestecați amidonul de porumb și smântâna pentru frișcă. Puneți aragazul lent la MARE și turnați în amestecul de porc; gătiți timp de 15 până la 20 de minute mai mult. Asezonați

după gust cu sare. Serviți cu biscuiți din făină de porumb sau pâine de porumb.

Muschiță cremoasă de porc cu legume

INGREDIENTE

- 1 1/2 până la 2 lire sterline de porc
- 1 varză mică, tocată grosier
- 1 ceapa medie, tocata
- 1 plic condiment stroganoff
- 1 plic sos de ciuperci
- 1 cutie supa crema de telina
- 1/4 cană apă
- 1 linguriță de semințe de chimen
- piper după gust
- 1 până la 2 căni de fasole verde congelată
- 1/3 cană jumătate și jumătate

PREGĂTIREA

1. Tăiați carnea de porc în cuburi de 1 inch; puneți într-o oală lentă de 3 1/2 litri sau mai mare. Adăugați ceapa și varza. Combinați amestecul de stroganoff, amestecul de sos, supa, apa, semințele de chimen și piperul; se toarnă peste amestecul de carne de porc și se amestecă pentru a se acoperi. Acoperiți și gătiți la foc mic timp de 7 până la 9 ore. Aproximativ 30 de minute înainte de servire, dați la maxim și adăugați fasole verde congelată. Adăugați jumătate și jumătate chiar înainte de servire. Delicios peste tăiței sau servit cu biscuiți.

2. Porți 6.

Scoici cremoase cu șuncă și brânză afumată

INGREDIENTE

- 12 uncii sunca taiata cubulete

- 1 cutie supa crema de telina

- 8 uncii de brânză Gouda afumată

- piper negru după gust

- 1 cană legume congelate, broccoli tăiate sau amestecate

- 3 căni de coji mici de paste fierte sau macaroane

- 1/4 cană lapte evaporat, cu conținut scăzut de grăsimi

PREGĂTIREA

1. Într-o oală, 3 1/2 litri până la 5 litri, combinați șunca, supa, brânză și piper. Acoperiți și gătiți la foc mic timp de 4 până la 5 ore. Adăugați legumele congelate cu 30 de minute înainte de servire. Se adaugă lapte până la subțire; adăugați pastele fierbinți fierte apoi serviți.
2. Reteta de scoici cremoase cu sunca si branza 4 portii.

Pui creol cu cârnați

INGREDIENTE

- 1 1/2 kilograme pulpe de pui dezosate, tăiate în bucăți
- 12 uncii de cârnați andouille afumat, tăiați în lungimi de 1 până la 2 inci
- 1 cană ceapă tocată
- 3/4 cană supă de pui sau apă
- 1 conserve (14,5 uncii) de roșii tăiate cubulețe
- 1 conserve (6 uncii) de pastă de tomate
- 2 lingurite condimente cajun sau creole
- piper piper cayenne, după gust
- 1 ardei gras verde, tocat
- sare si piper, dupa gust
- orez alb sau brun fiert fierbinte sau spaghete scurse fierte

PREGĂTIREA

1. Într-un aragaz lent, combinați bucățile de pulpă de pui, bucățile de cârnați andouille, ceapa tocată, bulionul sau apă, roșiile (cu sucul lor), pasta de roșii, condimentele creole și ardeiul cayenne.
2. Acoperiți și gătiți amestecul de pui și cârnați la LOW timp de 6 până la 7 ore. Adăugați ardeiul verde tocat cu aproximativ o oră înainte ca vasul să fie gata. Gustați și adăugați sare și piper, după nevoie.
3. Servește acest preparat aromat de pui și cârnați peste orez fiert sau servește-l cu spaghete sau paste cu păr de înger.

4. Porți 6.

Sunca Veselă

INGREDIENTE

- 1 șuncă complet fiartă, aproximativ 5 până la 7 lire sterline (cu sau fără jumătate de os, fund sau tulpină)
- cuișoare întregi
- 1/2 cană jeleu de coacăze
- 1 lingura otet
- 1/2 lingurita mustar uscat
- 1/2 lingurita de scortisoara macinata

PREGĂTIREA

1. Puneți un suport metalic sau un trivet (sau „rack") din folie mototolită în oală și puneți șuncă pe el. Acoperiți și gătiți la foc mic timp de 5 până la 6 ore. Scoateți șunca și turnați sucul; îndepărtați pielea și grăsimea. Se încorporează șunca și șunca cu cuișoarele întregi. Într-o cratiță mică, topește jeleul cu oțet, muștar și scorțișoară. Scoateți suportul sau suportul metalic. Puneți șunca în crockpot și puneți sosul peste șunca tăiată. Acoperiți și gătiți la foc mare timp de 20 până la 30 de minute, periând din când în când cu sos.
2. Tăiați și serviți șunca caldă sau rece.

Crock Pot Carnitas

INGREDIENTE

- 2 până la 4 lb. friptură de umăr de porc

- 4 catei de usturoi, curatati de coaja, fiecare catel taiat in 4 bucati

- 1 ardei jalapeno proaspăt

- 1 buchet coriandru proaspăt

- 1 cutie de bere (12 uncii)

- Tortilla de porumb

PREGĂTIREA

1. Cu un cuțit, tăiați mai multe fante mici în friptură. Introduceți bucăți de căței de usturoi în friptură; puneți în crockpot cu piper întreg și jumătate de buchet de coriandru care a fost tocat. Asezonați după gust. Se toarnă berea. Gătiți la foc mare 4 până la 6 ore până când furculița se înmoaie (LOW 9 până la 11 ore). Îndepărtați carnea; fărâmă. Serviți cu tortilla calde, cu garnituri la alegere. Garnituri recomandate: roșii tăiate cubulețe, ceapă, măsline coapte felii, salată verde mărunțită, smântână, brânză, salsa, guacamole și coriandru.

Cotlete sau coaste

INGREDIENTE

- 6 sau 8 cotlete de porc sau coaste tăiate până aproape să umple aragazul lent
- .
- Sos
- 1/4 cană ceapă tocată
- 1/2 cana telina tocata
- 1 cană de ketchup
- 1/2 cană apă
- 1/4 cană suc de lămâie
- 2 linguri. zahar brun
- 2 linguri. sos Worcestershire
- 2 linguri. oţet
- 1 lingura. muştar
- 1/2 linguriță. sare
-

1/4 lingurita. piper

PREGĂTIREA

1. Dacă folosiți coaste, fierbeți-le sau prăjiți-le timp de aproximativ 30 de minute pentru a elimina o parte din excesul de grăsime. Scurgeți și puneți în crockpot.
2. Amestecați ingredientele pentru sos și turnați peste cotlete sau coaste în oală. Gatiti 8-10 ore, pana se inmoaie. Se serveste cu orez fierbinte sau cartofi fierti.
3. Porți 6.

Crockpot Cola Ham

INGREDIENTE

- 1/2 cană zahăr brun

- 1 linguriță muștar uscat

- 1/4 cană cola (Coca Cola, Dr. Pepper, etc.)

- 3 până la 4 lire șuncă prefiartă

PREGĂTIREA

1. Combinați zahărul brun și muștarul. Umeziți cu suficientă cola pentru a obține o pastă netedă. Rezervați cola rămasă. Marcați șunca cu bucăți superficiale într-un model de romb. Frecați șunca cu amestecul de pastă. Puneți șunca în slow cooker/Crock Pot și adăugați restul de cola. Acoperiți și gătiți la foc mare timp de 1 oră, apoi întoarceți-l la mic și gătiți timp de 6 până la 7 ore.
2. Se servește de la 9 la 12.
3. O șuncă de 5 lire s-ar putea găti într-un aragaz lent mai mare.
4. Gatiti 1 ora la maxim, apoi 8 pana la 10 ore la mic.

Cotlete de porc glorificate Crock Pot

INGREDIENTE

- 6 cotlete de porc (iese la aproximativ 1,5 kilograme, dar puteți face mai mult sau mai puțin după nevoile dvs.)

- 1 ceapă medie feliată (1/2 cană)

- 1 conserve (10-3/4 oz.) supă cremă condensată de țelină

- 1/4 C. apă

- piper, după gust

- amestec de umplutură în cutie uscată,

PREGĂTIREA

1. Puneți cotletele în crockpot. Se acopera cu ceapa taiata felii, supa condensata (direct din cutie) si 1/4 cana apa. Adăugați piper după gust. Acoperiți și gătiți toată ziua (7 până la 8 ore) la LOW sau 1/2 zi (3 până la 4 ore) la HIGH în crockpot. De asemenea, puteți adăuga un pachet de umplutură uscată în cutie (cu pachet cu ierburi) deasupra cotletei, apoi ceapa și supa și apă.
2. Cotlete incredibil de umede, fragede.

Sunca Crock Pot

INGREDIENTE

- 1 șuncă mică

- suc de mere pentru a acoperi

- 1 cană zahăr brun

- 2 lingurite mustar uscat

- 1 lingura cuișoare

- 2 cani de stafide

PREGĂTIREA

1. Gatiti sunca in suc 8-10 ore la foc mic. Înainte de servire, întoarceți cuptorul la 375 de grade. Faceți o pastă din zahăr, muștar, cuișoare și aproximativ 1 lingură de suc fierbinte. Ungeți șuncă. Asezati sunca intr-o tava si turnati o cana plina cu sucul fierbinte si stafidele. Coaceți 30 de minute sau până când pasta s-a transformat într-o glazură.

Crockpot Ham Tetrazzini

INGREDIENTE

- 1 cutie (10 3/4 uncii) supă cremă condensată de țelină
- 1/2 cană lapte evaporat
- 1/2 cană parmezan ras
- 1 1/2 cani cu sunca fiarta
- 8 uncii ciuperci feliate, sotate în puțin unt
- 1/4 cană vin alb sec
- 1 pachet mic de spaghete, (5 oz)
- 2 linguri de unt, topit
- Branza parmezan

PREGĂTIREA

1. Combinați toate ingredientele, cu excepția spaghetelor și a untului, în aragazul lent; amesteca bine. Acoperiți și gătiți la setarea LOW timp de 6 până la 8 ore.
2. Chiar înainte de servire, gătiți spaghetele conform instrucțiunilor de pe ambalaj; se scurge si se amesteca cu unt. Amestecați amestecul de șuncă într-un cuptor lent. Presărați brânză suplimentară parmezan ras chiar înainte de servire.
3. Porti 4.

Supă de morcovi cu iaurt

(Gata în aproximativ 4 ore | 6 porții)

Ingrediente

- 3 căni de bulion de pui cu conținut redus de sodiu
- 2 cani de rosii conservate, nescurcate si taiate cubulete
- 1 kilogram de morcovi, feliați gros
- 1 cană de praz, tocat
- 2 catei de usturoi, tocati
- 1 linguriță iarbă de mărar uscată
- 1 lingura otet de mere
- Sarat la gust
- 1/4 lingurita piper alb
- 1/4 lingurita piper negru macinat
- Iaurt simplu pentru garnitură

Directii

1.Combină primele șase ingrediente în oala ta; acoperiți cu un capac adecvat și gătiți la foc mare 3 până la 4 ore.

2.Apoi, amestecați supa într-un robot de bucătărie până la omogenizare; adăugați restul ingredientelor, cu excepția iaurtului, și amestecați bine pentru a se combina.

3.Se amestecă înainte de servire; se ornează cu o praf de iaurt.

Supă de cartofi cu țelină mărată

(Gata în aproximativ 4 ore | 6 porții)

Ingrediente

- 2 cani de rosii conservate, nescurcate si taiate cubulete
- 3 căni de bulion de legume
- 1/2 kg de telina, tocata
- 1/2 kilogram de cartofi, decojiți și tăiați cubulețe
- 1 cană de ceață, tocată mărunt
- 1 ½ linguriță iarbă de mărar uscată
- 1 lingura suc de lamaie
- Sarat la gust
- 1/4 lingurita piper alb
- 1/4 lingurita piper negru macinat
- Iaurt simplu pentru garnitură

Directii

1. Combină roșiile, bulionul, țelina, cartofii, ceaiul verde și iarba de mărar în oala ta; acoperiți, setați oala de vase la mare și gătiți aproximativ 4 ore.

2. Apoi, piureați supa preparată într-un blender sau într-un robot de bucătărie până când se omogenizează;

3. Adăugați ingredientele rămase combinate, cu excepția iaurtului; se amestecă bine până când totul este bine combinat.

4. Se ornează cu o praf de iaurt și se servește rece sau la temperatura camerei.

www.ingramcontent.com/pod-product-compliance
Lightning Source LLC
Chambersburg PA
CBHW071434080526
44587CB00014B/1838